KB248450

매일경제 오태식 기자의 골프 이야기

그래, 난 골프에 미쳤다

그래, 난 골프에 미쳤다!

초판 1쇄 2011년 4월 18일
　　2쇄 2011년 12월 19일

지은이 오태식　**삽화** 양만금
펴낸이 윤영걸　**담당PD** 이경주　**펴낸곳** 매경출판(주)
등 록 2003년 4월 24일(No. 2-3759)
주 소 우)100-728 서울 중구 필동1가 30번지 매경미디어센터 9층
전 화 02)2000-2610(편집팀)　02)2000-2636(영업팀)
팩 스 02)2000-2609　**이메일** publish@mk.co.kr
인쇄 · 제본 (주)M-print　031)8071-0961

ISBN 978-89-7442-726-9

값 12,000원

그래, 난 골프에 미쳤다!

오태식 지음

매일경제신문사

프로골퍼의 이름으로

듣기만 해도 흥분되는 두 글자가 있다. '골프'다. 도대체 골프란 무엇이기에? 수많은 스포츠 종목 중 하나일 뿐인데 왜 이렇게 많은 사람을 울리고 웃기는 걸까. 골프 기자를 하면서 자주 듣는 두 가지 질문이 있다. 하나는 '골프가 운동이 되기는 하는 거냐'는 것이고, 또 하나는 '골프가 정말 재미있긴 하느냐'는 질문이다.

먼저, '골프가 운동이 되느냐'는 질문에는 솔직히 '운동이 된다'고 확신을 갖고 답변할 수는 없다. "아, 그게 골프하면서 카트 안 타고 18홀 내내 걸어 다니면 운동이 될 순 있습니다. 그게 잘 안 되긴 하지만…." 이 정도가 내가 할 수 있는 대답의 전

부다. 하지만 18홀 내내 걷거나 뛰어 다니는 골퍼가 아예 없지는 않다. 그들은 걷다가도 진행에 방해를 주지 않아야 할 때는 사회적인 지위나 체면을 버리고 열심히 뛴다.

수도권 북부 지역의 명문 골프장 서원밸리의 최등규 회장과 골프를 친 적이 있다. 최 회장과 골프할 때 반드시 지켜야 하는 룰이 하나 있다. 라운드가 끝날 때까지 카트를 타면 무조건 1벌타라는 것이다. 걸어야 운동이 된다는 최 회장의 지론이 들어간 룰이다.

두 번째로, '골프가 재미있느냐'는 질문에는 네 글자로 확실하게 답을 줄 수 있다. '당연하지!'다. 골프가 재미있다는 사실에 '아니다'라고 할 주말골퍼는 한 명도 없을 것이다. 애초에 재미가 없었다면 골프에 입문하지도 않았을 테니까.

대체 왜 골프가 재미있을까? 이에는 거창한 해설이 많다. '골프는 인생을 닮았다'라든가, '골프는 신이 만들어 낸 가장 재미있는 운동'이라든가. 하지만 골프가 재미있는 이유는 아마도 '뜻대로 잘 안 되기 때문'일 것이다. 프로골퍼조차도 하루는 60대 스코어를 냈다가, 다음 날 언제 그랬냐는 듯이 80대 스코어를 낼 수 있다. 이것이 골프다. 하물며 주말골퍼의 세계는 얼마나 많은 희비가 있겠는가.

이 책은 15년 넘게 골프 기자 생활을 한 경험을 기본으로 했다. 그리고 나 역시 주말골퍼다. 그러기에 철저하게 주말골퍼의 시각에서 바라 본 골프의 세계가 담겨 있다.

상당 부분은 매일경제신문사 주간지 〈매경이코노미〉에 연재된 '오태식 기자의 골프 에세이'의 내용으로 이루어져 있다. 그리고 그동안 신문에 썼던 내용과 〈매경이코노미〉에 다 쓰지 못한 이야기들을 덧붙였다.

굳이 '에세이'라는 표현을 썼지만 에세이 형식에 벗어난 글이 많고, 골프 멘탈적인 부분이나 원포인트레슨이 될 만한 내용도 뒤섞여 있다. 골프를 이제 막 시작하는 초보자에게는 골프의 세계를 미리 맛볼 수 있고, 오랜 구력의 골퍼라면 지난 골프 인생을 웃으면서 다시 반추해 보는 시간이 될 것이라고 믿는다.

이 책 어느 부분엔가 쓴 내용이다.

'몇 년 전 하루 75홀 기네스북 도전기에 참가한 적이 있다. 그것을 기사화했더니 인터넷에 댓글 하나가 붙었다. 기자 생활을 하면서 처음 붙은 댓글이다. 너무 궁금한 나머지 두근대면서 클릭했다. 댓글은 달랑 세 글자였다. '미*친*놈*!' 충격이 가시는 데 일주일이 걸렸다. 하지만 그 댓글은 어느 순간 다른 의미로 다가왔다. 이제야 나도 제대로 골프광 대접을 받는 구나.'

비단 필자만 골프에 미친 것이 아닐 터다. 모든 주말골퍼가 골프에 미쳤다고 해도 기자에게 욕을 할 골퍼는 없을 것이다. 골프에 미쳤다는 것은 골프를 '지독히' 사랑한다는 뜻이니까.

이 책은 바로 골프에 미친 '주말골퍼'들의 자화상이다. 책 곳곳에 글의 완성도를 높이기 위해 바쁜 와중에도 삽화를 그려 준 양만금 화백에게는 '고맙다'는 말로 모든 인사를 대신할 수는 없다. 이 책은 양만금 화백과 함께 만든 저서이기 때문이다.

CONTENTS

프롤로그　**04**

01. 골프란 무엇인가

01　주말골퍼에게는 두 얼굴의 스윙이 있다　**14**

02　나와 궁합이 맞는 골프장은?　**18**

03　골프에 '루저'는 없다　**23**

04　기브의 심리학　**27**

05　나의 골프 스타일은 어떤 형?　**31**

06　주말골퍼에게 '더' 불리한 골프룰　**36**

07　그 놈의 욕심 때문에…　**40**

08　골프 입문, 빠르면 빠를수록 좋은 이유　**44**

09　당신은 아직도 골프 신동?　**47**

10　1번홀 첫 티샷의 공포　**51**

11　'하지 말라'는 게 너무 많은 골프 레슨　**55**

12　장타 스트레스가 셀까? 퍼팅 스트레스가 셀까?　**59**

13　이유 있는 홀인원 명당　**63**

14　골프티에 목매는 사람들　**68**

15　골프에서 '진짜 위기'란　**73**

02. 웃기는 골프

01 천의 얼굴을 가진 OK **78**

02 골프의 섹시코드를 아는가? **82**

03 핑계 없는 미스샷은 없다 **86**

04 감칠맛 나는 '한국식' 골프용어 **91**

05 주말골퍼가 제일 듣기 싫어하는 말들 **95**

06 우즈의 어퍼컷 세리머니는 표절? **99**

07 '골프황제'도 두 손 두 발 든 '헤드업' 귀신 **102**

09 '나쁜 골퍼'가 골프도 잘한다? **106**

10 홀인원 잘하는 비결(?) **110**

11 못 말리는 프로골퍼의 고집 **114**

12 당신도 혹시 27홀 체질? **118**

13 멋진 건배사의 조건 **122**

14 골프의 개구리 먹기 **126**

15 주말골퍼 울고 웃기는 '멀리건' **130**

16 골프가 싫어질 때 **134**

17 슬로 플레이어 길들이기 **138**

03. 골프 에세이

01 어느 짤순이의 간절한 기도 **144**

02 목이 길어서 슬픈 롱아이언이여! **148**

03 그라운드의 시인, 최경주 어록 **152**

04 골프장에서 생긴 일 **157**

05 골프 구계명을 가슴에 새겨라 **161**

06 '놀부판' 골프 3락(樂) **166**

07 골프치매에도 '급'이 있다 **170**

08 골퍼 울리는 황당샷 **174**

09 골프 긴장을 극복하는 최고 방법은? **178**

10 골프장은 유혹의 천국 **182**

04. 골프에 미치다

01 메이저 챔피언과 내기를 하다 **188**

02 '골프 귀신'들의 12시간 38분 **192**

03 더블 싱글을 아시나요 **197**

04 캐디들만의 독특한 골프대회 **201**

05 골프에 미치는 7가지 이유 **205**

06 골프고수 식별법 **210**

07　좋은 골프중독, 나쁜 골프중독　214

08　늘 돈 따는 남자의 비밀　218

09　골프고수와 하수의 '진짜' 차이　222

10　내겐 너무 무서운 골프　226

05. 골프의 기술

01　주말골퍼의 라이벌 '올드맨보기'　232

02　'거리 좀 나는데…', 구찌의 위력　237

03　내 마음의 '골프 5적'　241

04　스코어를 갉아 먹는 나쁜 습관　246

05　긴 게 좋을까? 짧은 게 좋을까?　250

06　개평 많이 받아 내는 비법(?)　255

07　골프고수를 만드는 11가지 습관　259

08　장타 드라이버 유감　263

09　주옥같은 프로골퍼의 한마디　267

10　최경주가 벙커샷을 잘하는 까닭은?　271

11　퍼터를 바꾸는 진짜 이유　275

12　'짤순이의 희망' 김경태　280

13　골프장갑은 찬밥 신세?　285

PART 01

:: 골프란 무엇인가 ::

 # 주말골퍼에게는 두 얼굴의 스윙이 있다

주말골퍼에게는 두 얼굴의 스윙이 있다. '빈 스윙(연습 스윙)' 과 '실제 스윙'이다. 빈 스윙은 아름답고 유려하다. 타이거 우즈 의 스윙과 비슷한 것도 있다. 어니 엘스의 그것과 꼭 닮은 것도 있다. 프로골퍼 못지않게 멋지고 화려한 것이 주말골퍼의 빈 스윙이다.

빈 스윙만 봐서는 골프 실력이 어느 정도 되는지 전혀 알 수 없다. 하지만 실제 스윙은 영 딴판이다. 잔뜩 경직된 어깨, 구부 정한 어드레스 자세, 그리고 어정쩡한 백스윙. 화들짝 놀란 듯 빠르게 내려오는 다운스윙은 또 어떤가? 멋진 피니시 자세를 바라는 것은 정말 꿈이다. 어쩌면 저렇게 스윙이 달라질 수 있 는지 깜짝 놀라게 된다.

왜 실제 스윙은 연습 스윙처럼 되지 않는 것일까. 직경 4cm가

조금 넘는 '그놈의 골프공' 때문이다. 이 공만 보이면 잔잔한 바다에 쓰나미급 파도가 밀려온다. 가볍게 뒤로 넘어가던 백스윙도 이리저리 비틀리게 되고, 그 골프공이 얼마나 무서운지 똑바로 쳐다볼 수가 없다. 공을 똑바로 오래 쳐다보지 못해 헤드업도 나오는 것이다. 자그마한 골프공 앞에 한없이 작아지는 게 주말골퍼인 셈이다. 주말골퍼의 골프 실력은 이 두 스윙을 얼마나 일치시킬 수 있느냐에 따라서 달라진다.

프로골퍼의 빈 스윙과 실제 스윙을 자세히 살펴보라. 서로 다른 점을 찾아보기 어렵다. 단지 풀스윙만이 아니다. 어프로치 샷을 할 때도, 칩샷을 할 때도, 심지어 퍼팅을 할 때도 빈 스윙과 실제 스윙이 일치한다. 반대로 주말골퍼는 퍼팅을 할 때조차 빈 스윙과 실제 스윙이 다른 게 예사다.

아시아 첫 메이저 챔피언인 양용은 선수에게 골프를 잘할 수 있는 방법을 알려달라고 한 적이 있다. 그러자 대뜸 "실제 스윙을 최대한 빈 스윙과 비슷하게 하는 것이 주말골퍼들이 골프 실력을 늘리는 지름길"이라는 대답이 돌아왔다. "라운드 전 빈 스윙을 최대한 많이 하다 보면 실제 스윙에서도 빈 스윙을 많이 연습한 효과를 본다"고도 했다.

양용은 선수가 제안하는 빈 스윙 테크닉을 한 번 보자. 일단 골프채 하나를 갖고 빈 스윙을 20~30차례 한다. 그러고 나서 두 개를 한꺼번에 잡고 똑같이 20~30번 빈 스윙을 한다. 이렇게 하다 보면 몸에 빈 스윙이 입력돼 실제 스윙을 할 때도 최대한 비슷하게 출력된다는 것이다. 양용은 선수는 "골프채 헤드로 공을 세게 쳐야 한다는 강박관념이 주말골퍼의 스윙을 방해한다"고 봤다. 그러면서 "스윙은 그저 공이 있는 자리로 헤드가 돌아가게 하면 되는 것"이라고 설명했다.

또 "빈 스윙도 처음에는 소리가 나지 않도록 천천히 해주다가 점점 빨리 휘두르고, 나중에는 회초리 소리가 '휙휙' 나듯 강하게 스윙하는 게 좋다"고도 했다.

멋진 샷을 날리고 싶은가. 장타를 치고 싶은가. 그럼 먼저 두 개의 스윙을 하나로 만들어야 한다.

나와 궁합이 맞는 골프장은?

넌센스 퀴즈 하나. '굿샷(Good Shot)'의 반대말은 무엇일까? 정답은 '볼(Ball)~'이다. 공이 빗나가 사람을 맞출 것 같을 때, 이를 경계하라는 뜻으로 '훠(Fore)~'를 외친다. 이 말이 국내로 들어오면서 '볼~'이 됐다. 잘못된 표현이기는 하지만 솔직히 '훠~'보다는 '볼~'이 훨씬 인간적이고 가슴에 확 와 닿는다.

이번에는 머리를 써야 하는 골프 퀴즈 하나. '골프장 징크스'의 반대말로 적당한 것은? '골프장 궁합'이라고 하면 적절한 답일 것이다.

누구에게나 유독 성적이 나오지 않는 골프장이 있기 마련이다. 이른바 '골프장 징크스'란 것이다. 컨디션이 좋은 날도 그 골프장에서 샷을 날리다보면 기분이 엉망이 된다. 정말 '아무 이유 없이' 나와 맞지 않는 것일까? 아니다. 나의 골프 스타일과 그 골프장 특성이 맞지 않기 때문이다. 궁합이 맞지 않는 셈이다.

2010년 GS칼텍스 매경오픈 우승자 김대현은 "남서울 골프장은 페이드(왼쪽에서 오른쪽으로 휘는 샷)를 치는 선수에게 절대적으로 유리하다"고 했다. 이유인 즉슨 왼쪽에 함정이 많기 때문에 드로 구질의 선수들은 페이드를 치는 선수들을 이길 수 없다는 것이다. 그는 페이드 구질이다. 반대로 당시 우승 경쟁을 벌였던 김경태는 드로 구질의 선수다. 김경태도 2007년 매경오픈 우승 때는 페이드 구질이었다.

'살아 있는 골프 전설' 잭 니클라우스가 한국을 방문했을 때 이런 말을 했다. "설계가로 데뷔했을 초기에는 (내가) 페이드 샷을 잘했기 때문에 주로 오른쪽으로 휘는 홀을 많이 만들었다." 그의 말처럼 코스에는 설계자의 특징이나 의도가 들어가게 마련이고, 골퍼마다 '샷 구질 궁합'이 맞는 골프장이 있게 되는 것이다.

최경주도 궁합에 맞는 코스인지 맞지 않는 코스인지에 따라 3가지로 구분한다. 마음에 드는 코스, 마음에 들지 않는 코스,

그리고 '정말' 마음에 들지 않는 코스다. 대회 출전 계획을 짜면서도 정말 마음에 들지 않는 코스에서 열리는 대회는 과감히 빼버린다.

'탄도 궁합'도 있다. 일반적으로 탄도가 낮은 골퍼와 탄도가 높은 골퍼가 있다. 탄도가 낮은 골퍼는 그린 앞에 함정이 많은 골프장에서 절대로 좋은 성적을 낼 수 없다. 굴려서 올릴 수 없기 때문이다. '벙커 궁합'도 생각할 수 있다. 벙커샷에 젬병인 골퍼가 벙커 많은 코스에서는 좋은 스코어를 낼 수 없는 이치다. 벙커샷에 자신 있다면 벙커 많은 코스에서는 천하무적이 된다. '그린 궁합'은 또 어떤가. 그린을 읽을 수 있는 능력이 좋은 골퍼라면 그린을 이리저리 꼬아 놓은 골프장이 안성맞춤이다. 한때 최경주의 기도 제목도 '하나님! 그린을 읽는 능력을 주세요'였단다.

2010년 SK텔레콤오픈에 출전했던 나상욱 선수는 어릴 때 아버지의 지시로 '지겹도록' 쇼트게임에 많은 시간을 투자했다. 그래서 '타이거 우즈나, 필 미켈슨 저리 가라'고 할 정도로 막강한 쇼트게임 능력을 가진 선수가 됐다. 덕분에 그린 근처에 함

 그래, 난 골프에 미쳤다!

정이 많거나 아예 그린이 까다로운 골프장이 오히려 좋다고 한다. 이런 골프장일수록 '그린 궁합', '벙커 궁합'이 맞는 것이다.

사실 주말골퍼는 '거리 궁합'에 따라 스코어 편차가 심하다. 드라이버샷 평균 거리가 200야드 내외인 '보통 골퍼'에게 400야드짜리 파4홀이 많은 골프장은 너무 힘겹다. '거리 궁합'이 단순히 '장타자'냐 '짤순이'냐에 따라서만 구분되는 것도 아니다. '세컨드 샷 거리 궁합'도 있다.

그린을 노릴 때 누구에게나 자신 있는 거리가 있다. 140야드를 좋아하는 골퍼도 있고, 170야드가 오히려 낫다는 골퍼도 있다. 그 거리에서 쓰는 골프채에 자신 있기 때문이다. 티샷 후 남은 거리가 평균적으로 어떻게 되느냐에 따라서 스코어가 천차만별로 변한다.

자, 이제 여러 가지 골프장 궁합을 고려하면서 '내게 맞는 골프장' 등급을 매겨 보자. 학점처럼 A에서 F까지 6등급으로 나눈다면 A등급은 구질은 물론, 거리, 벙커, 그린, 탄도 모두 맞는 골프장이다. 반대로 F등급은 징크스가 있는 골프장이 된다. A 등급 골프장에서 '빅게임'이 있는 날이라면 언제라도 'OK'

다. 어떤 내기라도 흔쾌히 받아 들여도 좋다. 하지만 어느 날 F 등급 골프장에 부킹이 됐다. 자, 그럼 어떤 핑계를 대서라도 꼬리를 내려야 한다.

"요즘 내가 말이지, 엘보가 와서 완전 초보자가 됐거덩. 그냥 한 타에 1,000원짜리 내기나 하지 뭐….”

03 골프에 '루저'는 없다

여자프로골퍼 3명이 있다. 그들의 신체 조건은 다음과 같다. A는 183cm의 키에 몸무게는 70kg. B는 155cm에 52kg. C의 경우 156cm에 60kg이다. 이 셋 중 누가 골프를 가장 잘 할까?

정답은 C다. A는 미셸 위, B는 미야자토 아이, C는 신지애의 체격 조건이다. 신지애 선수의 경우 공식적으로 몸무게를 공개하고 있지 않지만 대충 60kg 정도로 알려져 있다.

2009년 초 호주에서 열린 ANZ 레이디스 마스터스에 신지애가 출전했을 때 얘기다. 호주에서 골프 교습을 하는 교포 하나가 이해가 안 간다는 듯 신지애를 쳐다보고 있었다. 신지애의 샷을 유심히 살펴보던 그는 "지금까지 우리가 주장해온 골프 피트니스는 모두 바꿔야 할 지 모른다"고 낙심한 표정으로 말했다. 그의 말에는 분명 신지애의 몸이 골프를 하기에 적당하

지 않다는 의미가 담겨 있다.

사실 미국 LPGA 무대는 충격에 휩싸였다. 체력적인 조건으로 보나, 어릴 때부터 운동을 할 수 있는 여건으로 보나, 과학적인 시스템을 보나, 어느 한 부분 부족할 것 없는 미국 여자골퍼들이 동양의 단신 골퍼들에게 맥을 못 추고 있기 때문이다. 세계랭킹 상위권에는 동양 여자선수들이 가득하다. 미국 언론은 어떤 이유로 그들이 골프를 잘하는지 분석하기에 정신없다.

그러나 골프가 대중에게 인기 있는 이유도 여기에 있다.

　남녀노소, 신체 조건에 크게 상관없이 누구나 잘할 수 있는 운동이 골프이다. 때문에 '골프광'들이 나오고 있는 것이다. 키 크고 날씬한 골퍼만이 잘할 수 있는 운동이라면 이렇게까지 골프가 인기를 끌지 못했을 것이다.

　골프에는 단신이나 뚱뚱한 단점을 보완할 수 있는 부분이 많다. 먼저 스윙을 보자. 신지애나 안선주의 스윙은 철저하게 몸통을 이용한다. 아무래도 정확도가 좋아지는 장점이 있다. 일본 여자골프 상금왕에 올랐던 요코미네 사쿠라는 오버스윙으로 단신(155cm)의 한계를 극복하고 있다. 일본 여자골프의 자존심 미야자토 아이는 커다란 스윙 아크로 장신의 선수들과 맞서고 있다.

　내게 맞는 골프용품으로도 만회는 가능하다. 키가 작은 골퍼가 샤프트를 길게 하면 장타를 낼 수 있다. 또 힘이 약한 골퍼는 샤프트의 휘어지는 정도가 큰 것으로 교체하면 거리 증대 효과를 볼 수 있다.

　남자골퍼 중에도 단신이면서 세계 톱랭커에 오른 선수들이 많다. 코리 페이빈, 이언 우즈남, 저스틴 레너드 같은 선수다. 최경주는 발목 하나 정도만 더 크면 정말 소원이 없겠다고 했지만 그도 PGA투어 7승을 거두어 세계 최고 골퍼가 되지 않았는가.

오히려 키 작은 것이 유리한 면도 있다. 퍼팅이나 칩샷을 할 때는 키가 작으면 정교한 샷을 할 수 있다. 지면과 가까이 있어야 라인도 더 잘 볼 수 있고, 정확한 스트로크를 할 수 있는 것이다.

프로골퍼들이 주말골퍼들보다 짧은 퍼터를 사용하는 이유가 궁금하지 않은가? 그들은 경험을 통해서 짧은 퍼터일수록 정확한 스트로크를 할 수 있다는 사실을 몸으로 익혀서 알고 있다.

퍼팅에 관한한 스스로 최고라고 자부하는 나상욱은 퍼터 그립 끝이 2cm 가량 나오게 잡고서 퍼팅한다. 구부정하게 허리를 숙이고 퍼팅하는 장신 골퍼들도 많이 볼 수 있다. 옛 골프황제잭 니클라우스가 대표적인 예다. 또 182cm의 장신으로 310야드의 장타를 펑펑 날리는 김대현도 고개를 많이 숙이고 퍼팅을 하면서 성적이 좋아졌다고 말한 바 있다.

한때 한국사회에 루저 신드롬이 분 적이 있다. 한 여대생이 방송에서 '180cm 이하의 남자는 모두 루저'라는 발언이 발단이 되었다. 하지만 골프의 세계에 '루저'는 없다.

있다면 다만 게으른 골퍼가 있을 따름이다.

04 기브의 심리학

골프와 관련한 연상 퀴즈 하나. 캐디도 좋아하고 골퍼도 좋아한다. 하지만 가끔 동료 사이에 싸움거리를 제공한다. 퍼터 길이와 연관이 있다. 이 정도 힌트가 나왔는데도 답이 떠오르지 않는다면 당신은 골프 마니아가 아니다.

예상대로 답은 '기브(일명 오케이)'다. 기브는 골프에서 가장 민감한 부분이다. 보통 기브 거리는 '그립을 뺀 퍼터 길이'로 통한다. 이 정도면 누가 치더라도 성공할 것이라고 판단하는 거리다.

대략 50~60cm로 보면 맞을 것이다. 하지만 이 거리가 은근히 길다. 눈으로 얼핏 보기에는 충분히 기브를 받을 수 있는 거리라도 퍼터를 대보면 턱도 없을 때가 많다. 왜 기브 거리 때문에 자주 다툼이 나는 것일까? 사람 심리 탓이 클 것이다. '받고 싶은' 기브 거리는 길고, '주고 싶은' 기브 거리는 짧은 게 어쩔 수 없는 인간의 마음이다.

공이 놓인 경사에 따라서도 시비가 붙을 소지가 다분하다. 60cm 옆라인 퍼팅은 프로골퍼조차 실패할 때가 많다. 많은 프로골퍼들이 이 거리 때문에 통한의 눈물을 흘렸다. 강욱순은 미국 퀄리파잉스쿨 마지막 홀에서 50cm의 퍼팅을 놓쳐서 1타 차이로 PGA투어에 입성하지 못했다.

그렇게 어려운 라인도 아니었다. 하물며 내리막 퍼팅이나 옆라인 퍼팅은 얼마나 골퍼를 두근거리게 하겠는가? 주말골퍼들 사이에서도 내리막 퍼팅이나 옆라인 퍼팅은 기브를 주지 않는 게 보통이다.

기브를 주고받을 때 무엇보다 중요한 것은 공평성이다. 비슷한 거리인데 누구에게는 주고, 누구에게는 주지 않는다면 불만이 생기는 사람이 나오게 마련이다. 기브 거리도 불황을 탄다. 경기가 좋을 때는 '기브 인심'도 후하지만 궁할 때는 쉽게 '오케이'소리가 나오지 않는다.

기브를 주지 않는 게 미안한지 여러 이유를 대게 된다. "그립을 뺀 퍼터 길이에 들어와 있지 않다"는 둥 "내리막 라인이어서 안 된다"는 둥 이유가 많아진다. 주머니 사정이 어려워지다 보니 예전에는 적게 느껴졌던 내기 돈이 커 보이기 때문이다. 내기 액수가 많아질수록 기브를 잘 주지 않는 것과 같은 이치다.

그러나 기브를 남발하는 것도 상대에 대한 예의가 아니다. 특히 내기(스킨스게임)를 하고 있을 때 결과에 영향을 미치지 않는다고 1m 넘는 거리를 성의 없이 기브를 준다면 기분 나빠할 골퍼가 있을 수 있다. 기브는 또 내기에서 가장 돈을 많이 잃고 있거나 그 홀에서 가장 성적이 좋지 않은 골퍼가 주는 것이 지혜롭다. 돈까지 따고 있는 골퍼가 마음대로 기브까지 준다면 돈을 잃고 있는 골퍼는 화를 내지 않을 수 없다.

내기에서 기브를 주는데 무조건 안 받는 것도 예의는 아니다. 특히 상사나 어려운 상대와 골프를 할 때, 그리고 처음 만난 사람과 골프를 할 때 기브를 주면 고맙다고 받는 게 좋다. 기브를 받았을 때 공을 '툭' 쳐서 넣는 골퍼가 많다. 사실 그것도 예의는 아니다. 프로골프 세계에서는 기브를 받으면 그대로 공을 드는 것이 원칙이다. 기브를 받을 때 조심해야 할 사항도 있다.

기브를 '한 타'로 계산하지 않고 스코어를 틀리게 말하는 것이
다. 몇 차례 이런 실수가 반복되면 본의 아니게 비양심적인 골
퍼가 될 수도 있다.

기브는 골퍼를 기쁘게 할 수 있지만 자칫 친구나 신용을 잃게
하는 무서운 존재로 돌변할 수도 있다.

 **05 나의 골프 스타일은 어떤 형?**

"언니, 거리 잘못 불러준 거 아냐? 잘 맞았는데 왜 이렇게 짧아." 이 골퍼의 골프 스타일을 한 번 상상해 보자. 아마도 십중팔구 스크린골프에서 잔뼈가 굵은 '스크린골프형'일 것이다. 이런 유형의 골퍼는 일단 거리 거품이 엄청 껴 있다. 스크린골프에서 드라이버를 치면 250야드씩 나가는데 실제 필드에서는 200야드도 안 나가니 거리 표시가 잘못됐다고 판단할 수밖에. 캐디가 불러준 거리를 의심하는 것은 어쩌면 당연한 일이다.

'스크린골프형'의 또 다른 특징은 벙커샷 실력이 엉망이라는 것이다. 벙커에 한 번 빠지면 '곧바로 양파(더블파) OK'다. 어프로치샷을 좀 더 세게 치는 것으로 대신하는 스크린골프의 벙커샷을 아무리 자주 해봐야 실제 벙커에서 멋지게 탈출할 수 없다.

31

골프장이 많아지면서 부킹도 쉬워졌다. 스크린골프장의 영향으로 골프에 접근하기도 수월해져 새로운 유형의 골퍼들이 늘고 있다. 앞의 이야기에서 보듯 '스크린골프형'이 대표적이다.

'마마보이형'도 있다. 티샷부터 퍼팅까지 무엇이든 스스로 해결하지 못하는 골퍼를 지칭한다. "언니, 어디 보고 쳐야해?", "몇 번 아이언으로 치면 좋을까", "슬라이스 라인이야? 훅라인이야?", "(퍼팅 때) 이거 오른쪽 보라고 놓은 거 맞아?" 등등. 골프장 특징을 잘 아는 캐디에게 이것저것 물어 보면서 라운드하는 것은 분명 현명한 일이다. 하지만 샷을 할 때마다 물어보고, 그것도 모라자 공까지 놓아 주길 바란다면? 캐디는 물론이거니와 동료들까지 짜증나지 않을까? 아예, '언니' 대신 '엄마'라고 부르라고 하고 싶다.

'구걸형'도 있다. 이런 타입은 누구에게도 환영받지 못한다. 가장 많이 구걸하는 것이 'OK(기브)'다. "이거 넣어야 더블보긴데, OK 좀 주라." 1m도 훨씬 넘는 거리인데도 동정심을 유발하며 OK를 바란다. 구걸형 골퍼들이 가장 좋아하는 단어가 'OK'와 '멀리건'이라는 사실을 아는지. 티샷 실수하고 나서 멀리건을 기대하는 표정으로 동료들을 바라보는 눈빛은 애처롭기 그지없다. OB 티에 가서 치라고 하면 금방 눈물이라도 쏟을 태세다. 심지어 이런 골퍼도 있다. "OB 말뚝에서 한 뼘밖에 나가지 않았네. 그냥 OB나지 않은 것으로 해주면 안 될까?"

'구걸형'과 쌍벽을 이루는 골프 스타일은 '자학형'이다. "바보 멍청이. 8번 아이언만 잡았으면 (핀에) 붙었을 텐데. 그걸 7번 잡고 훌러덩 넘겨 버리다니, 이 바보 같은 놈." 샷 하나 실수에 완전히 자신을 깎아 내린다. 자기 머리를 치지 않은 것이 다행

33

이다. 이런 골퍼일수록 타인의 실수에 오히려 관대하다. "뭘 그럴 수도 있지. 캄 다운, 캄 다운. 샷 실수는 빨리 잊어 버려야 한다구. 별 것도 아닌 것에 왜 그렇게 자학하냐?", '난 이래서 안 되고, 넌 그래도 되고'다.

'토끼형'과 '거북이형'이 싸우면 누가 이길까? '토끼형'은 동료들의 샷이 모두 끝나는 것을 기다리지 못하고 순서를 어기면서까지 빨리 하는 스타일이다. '거북이형'은 말 그대로 슬로 플레이어다.

두 스타일의 골퍼가 만나면 사실 상당히 조화롭다. 누구는 빨리 치려고 하고, 누구는 천천히 치려고 하니 순서만 바꾸면 그만이다. '거북이형'이 이리저리 조으고 있을 때 '토끼형'이 먼저 치면 된다. 캐디 입장에서도 나쁠 것이 없는 게임이다. 물론 '토끼형'골퍼에게만 고마움을 느끼겠지만.

또 하나 영원히 변하지 않는 진리가 있다. '토끼형'과 '거북이형'이 만나면 전래동화처럼 대부분 거북이의 승리이고, 손해는 항상 토끼에게 돌아간다는 사실. 2010년 제주에서 벌어진 조니워커오픈에서 우승한 김비오는 우승 경쟁을 하면서도 쓰레

기나 담배꽁초가 있으면 일일이 줍는다. 그에게 왜 그러냐고 물었다. 그의 대답이 걸작이다.

"골프장에 좋은 일을 하면 행운이 따라 오지 않을까요? OB 구역으로 날아가던 골프공도 나무에 맞고 페어웨이로 들어 올 것 같은 긍정적인 생각이 들어요." 캐디도 동료도, 그리고 골프장도 좋아하는 '완전 매너형'이다.

06 주말골퍼에게 '더' 불리한 골프룰

프로골프대회의 룰은 엄격하다. 비공인 드라이버도 쓰지 못하고 U자형 그루브 웨지 역시 사용하지 못한다. 숲으로 공을 보내고 난 후 '언플레이어블 볼'을 선언하면서 공을 페어웨이 중앙에 던져 놓고 치지도 못한다.

하지만 주말골퍼의 세계가 어디 그런가? 고반발 헤드 드라이버로도 모자라 '장타 스티커'까지 붙일 수 있는 곳이 주말골퍼의 세계다. 한 타 손해보고 치겠다면 "좋은 데 놓고 치라"고 까지 하는 것이 주말골퍼들만의 정(?)이다. 주말골퍼의 세계에서 골프룰을 제대로 적용하다 보면 아마 18홀을 도는 데 10시간은 족히 걸릴지도 모른다.

그렇다면 주말골퍼 세계에서 더 불리하게 적용되는 골프룰이 아예 없는 걸까? 아니다. 벙커 발자국만 해도 그렇다. 프로

골프대회에서 벙커 발자국에 놓인 공을 치는 것을 본 적이 있는지. 앞 조의 캐디가 너무 깔끔하게 벙커 정리를 해 놓고 가기 때문에 절대로 그런 일이 발생하지 않는다. 물론 벙커샷을 했다가 탈출하지 못하고 다시 그 공이 굴러 들어와 자신의 발자국에 빠지는 경우는 있다. 1년에 한 번 나올까 말까한 일이지만.

다시 주말골퍼의 세계로 돌아와 보자. 벙커 발자국에서 샷 한 번 해보지 않은 골퍼도 있을까? 벙커에 공이 들어간 것도 화가 나 죽겠는데 공이 발자국에 빠진 것을 보면 아무리 성격 좋은 골퍼도 앞 조 누군가를 향한 욕이 목 끝까지 치밀어 오르는 것을 참기 힘들 것이다.

메이저대회에서 우승한 여자골퍼의 아버지와 골프를 한 적이 있다. 또 다른 라운드 동료의 공이 페어웨이 벙커에 들어갔다. 공교롭게도 공은 발자국 속에 놓여 있었다. 최소 1타 손해가 날 상황이다. 그런데 갑자기 그 아버지가 벙커로 들어오더니 고무래로 벙커를 고르는 것이다. 그러더니 그곳에 공을 다시 놓고 치라고 한다. 그러면서 하는 한마디. "프로골퍼도 벙커 발자국에서는 치지 않는다." 분명 룰 위반이지만 일리가 있는

37

말이란 생각이 든다.

주말골퍼의 세계에서 가장 부당한 골프룰은 벙커 발자국에 빠졌을 때도 어쩌지 못하고 그대로 쳐야 하는 것이다.

하지만 프로골퍼들이 가장 불합리하다고 생각하는 룰은 디봇 자국에 들어간 공을 치는 것이다. '골프황제' 타이거 우즈조차 "디봇 자국에 놓인 공을 그대로 쳐야 하는 규칙이 가장 불공평하다"고 말한 적 있다. 하지만 주말골퍼가 처하는 상황과 비교해 보면 참 사치스럽다는 생각도 든다. 마스터스가 열리는 오거스타 내셔널GC를 보라. 골프장 측은 대회가 열리기 전 6개월 가량 문을 닫고 디봇 자국 하나 없는 완벽한 코스를 조성한다. 반대로 주말골퍼가 쳐야 하는 코스는 디봇 자국 투성이일 때가 많다. 누가 더 디봇 자국에서 샷을 많이 하겠는가?

수리지도 마찬가지다. 골프대회에서는 조금만 상태가 나쁜 곳도 수리지 표시를 해서 구제해 준다. 하지만 정말 심각한 곳을 제외하면 주말골퍼를 위해 수리지 표시를 하는 골프장은 많지 않다. 이해는 가는 부분이다. 만일 수리지 표시를 한다고 치면 잔디 상태가 나쁜 계절에는 페어웨이 절반에 수리지 표시를 해야 할 것이다. 어쨌든 분명 주말골퍼에게 더 불리한 룰이다.

잃어버린 공을 5분 동안 찾게 해주는 규칙도 주말골퍼에게는 지켜지지 않는다. 잃어버린 공을 매번 5분 동안 찾겠다고 하면 아마 진행에 방해된다고 해서 골프장에서 쫓겨날지 모른다.

그러니 주말골퍼들이여, 자부심을 가져라! 프로골퍼의 세계보다 더 불리하게 적용되는 골프룰이 아마추어의 세계에도 분명히 있다는 사실을.

그 놈의 욕심 때문에…

나의 골프 스코어를 가장 크게 갉아 먹는 주적(主敵)이 무엇이라고 생각하는가? 성급함? 게으름? 엉성한 스윙? 다양한 답 중 아마도 '욕심'이 가장 많이 나올 것이다. 그만큼 욕심이 스코어를 갉아먹는 사례는 무궁무진하다.

티샷이 페어웨이를 정확히 2등분하면서 페어웨이 정중앙에 떨어졌다. '오잘공(오늘 제일 잘 친 공)'이 아니라, '미잘공(미치도록 잘 친 공)'이다. 핀까지 기껏해야 100야드도 안 된다. 버디 찬스는 그야말로 따논당상 같다.

하지만 순간 욕심이 슬그머니 마음속으로 기어들어 온다. 이번이야 말로 'OK 버디'가 나올 만한 굿샷을 날리고 싶어진다. 그러나 골프가 어디 마음처럼 되는 운동인가? 이럴 때 꼭 미스 샷이 나오게 마련이다. 누군가 '제일 잘 맞았을 때가 제일 큰 위

기'라고 하지 않았는가? 욕심을 경계하라는 말이다.

이럴 때도 있다. 샷을 하는 '족족' 핀에 '착착' 붙는다. 보기가 더러 나오지만 가끔 버디에 대부분 파행진이다. 이런 분위기라면 싱글 스코어가 아니라 언더파까지 칠 태세다. 이 상황에도 시나브로 마음속을 파고드는 게 있다. 이번에도 '욕심'이란 놈이다. 갑자기 샷이 난초를 그리더니 더블보기, 트리플보기가 우수수 쏟아진다. 전반과 후반 스코어 차이가 10타를 훌쩍 넘는다. 이럴 때를 두고 '핸디캡이 코스 어딘가에 숨어 있다'고 하는 것이다.

‘버디 친구 보기’란 것도 욕심을 경계하라고 나온 말이다. 버디 기회가 왔을 때 욕심나지 않는 골퍼는 없다. 하지만 과욕은 3퍼트를 낳고, 버디는 보기로 돌변한다. 아마 주말골퍼가 가장 욕심을 내는 게 바로 ‘장타’일 것이다. 거리에 대한 욕심이 없다면 그건 ‘새빨간’ 거짓말이다. 하지만 자신의 스윙이나 몸으로 감당할 수 없는 장타에 대한 욕심이 생기는 순간, 샷은 터무니없는 결과를 낸다. 악성 훅, 생크, 쪼루…. 미스샷이란 미스샷은 모두 무모한 거리 욕심이 만들어 내는 결과물이다.

프로골퍼들이 괜히 70~80%의 힘만으로 샷을 하는 것이 아니다. 그 뺀 힘 20~30%의 정체는 바로 ‘욕심’이다. 경기 중에는 절대 리더보드를 보지 않는 선수들도 있다. 리더보드를 보다 보면 괜히 성적에 연연하게 되고, 욕심이 생겨 그때부터 스코어가 엉망이 되는 탓이다.

그렇다면 욕심은 왜 화를 부르게 되는 것일까? 가장 큰 이유는 욕심은 긴장과 비례하기 때문일 것이다. 50cm짜리 퍼팅도 그 결과가 버디냐, 파냐, 아니면 보기냐에 따라 몸의 긴장도가 달라진다. 보기 퍼팅이면 ‘툭’ 하고 치면 ‘톡’ 하고 떨어질 것 같이 편안하지만, 그게 버디 퍼팅이라면 몸은 어찌 상황을 잘 아는 지 바짝 굳어지게 된다. 긴장 뿐 아니라 실수의 횟수도 욕심과 비례해 커지는 것이다.

욕심은 완전히 비워야하는 것일까? 아니, 과연 완전히 비울 수는 있는 것일까? 사실 욕심없는 골프는 너무 무미건조하다. 욕심이 없다면 긴장과 설렘도 없다. 스코어를 조금씩 낮추고 싶은 욕심은 골프를 흥미롭게 한다. 또 욕심은 긴장을 주기도 하지만 자극을 주기도 한다. 자극은 노력을 하게 만들고 노력은 스코어를 좋게 만든다. 욕심이 반드시 스코어를 갉아 먹지만은 않는다는 것이다.

욕심 많은 골퍼가 싱글 스코어도 빨리 작성한다는 사실을 여러 골프고수들의 사례를 보면 알 수 있다. 욕심이 독이 되는지, 아니면 약이 되는지는 전적으로 욕심을 어떻게 다루느냐의 문제다.

한국이 낳은 세계적인 골프스타 최경주는 자신의 골프 철학 중 하나로 '빈잔론'을 펼친다. 골프를 할 때는 마음을 비워야 좋은 결과를 얻을 수 있다는 것이다.

하지만 빈 잔도 채우기 위해서 존재하는 것이 아닌가. 비워야 할 것도 욕심이지만 채워야 할 것도 욕심이다.

08 골프 입문, 빠르면 빠를수록 좋은 이유

군 복무를 해 본 사람들은 모두 알 것이다. 아무리 사회에서 좋은 직업을 갖고, 돈을 많이 벌고, 존경을 받았어도, 이등병 복장을 하고 나면 모두 똑같다는 사실을. 뭘 시켜도 제대로 하지 못할 것 같고, 촌스럽고 어리바리해 보인다.

골프도 마찬가지다. 골프 초보는 어느 골프장에서도 티가 난다. 아무리 돈이 많고, 사회 저명인사라 하더라도 초보 골퍼는 왜 그리 똑같은지. 골프장을 통째로 빌려서 이른바 '대통령 골프'를 치지 않는다면 쪼루를 내놓고서 양반처럼 느릿느릿 걸어갈 수 있는 '통 큰'골퍼가 몇 명이나 되겠는가? 미안하고, 쑥스럽고, 시쳇말로 쪽 팔려서 뛰지 않을 수 없다. 남들은 모두 카트를 타거나, 걸어서 천천히 이동하지만 쪼루를 낸 골퍼는 진행에 방해를 하지 않기 위해서도 뛰어야 하는 게 골프의 에티켓이다. 그러나 누가 보더라도 뛰는 모습이 멋지고 당당해 보이지는 않을 것이다.

평소 마음에 들지 않는 상사를 혼내주는 통쾌한 방법이 하나 있다. 골프를 먼저 배워 고수가 된 뒤, 상사도 골프에 입문하게 만든다. 그리고 나면 골프장에서 마음껏 상사를 놀려 줄 수 있다. 골프장에선 회사 상사가 이등병이 되고, 자신은 병장이 되는 셈이다. 그러니 나이든 '골프 이등병'이 되지 않으려면 하루라도 빨리 골프에 입문하는 것이 낫다는 얘기다. 골프장에서는 모두 평등하다고? 아니다, 골프장에서는 골프 잘 치는 사람이 왕이다.

뿐만이 아니다. 어차피 한국 사회는 좋은 말로는 정으로 통하고, 나쁜 말로는 인맥으로 통하는 곳 아닌가. 직장 생활을 하다 보면 골프가 도움이 되면 됐지, 해를 끼치는 법은 별로 없다. 골프에 빨리 입문하라는 이유는 이 외에도 상당히 많다.

일단 골프만큼 구력이 제대로 스코어에 영향을 미치는 운동도 없을 것이다. 라운드를 하다 보면 구력을 속일 수 없다는 사실을 금방 알게 된다. 특히 쇼트게임이나 코스 매니지먼트에서 구력이 여실히 드러난다. 제대로 된 스윙을 몸에 익히려 해도 골프 입문은 이르면 이를수록 좋다. 근력이 약해지고, 유연성이 떨어지면 아무리 좋은 코치가 옆에 붙어 스윙을 가르쳐 봐도, 멋진 스윙을 가져갈 수 없다.

폼만 좋으면 또 무엇 하겠는가. 임팩트에 힘을 실을 수 있는 방법을 터득할 수 없는 것을. 나이 들어서 골프에 입문한 늦깎이 골퍼들이 이구동성으로 하는 말이 있다. "이렇게 골프가 좋은 줄 알았으면 진작 골프를 시작할 것을…" 뒤늦게 후회해 봐야 소용없다.

그러나 무엇보다 골프를 빨리 배우라고 하고 싶은 이유는 '골프가 너무 재미있다'는 사실이다.

 09 당신은 아직도 골프 신동?

골프 처음 배울 때 '골프 신동' 소리 한 번 들어 보지 못한 골퍼는 없을 것이다. 초등학교 때 반장(줄반장이라도) 한 번 못 해본 사람 없는 것처럼 말이다. 초보들의 기를 살려 주기 위해서 한 말일 수도 있고, 정말 하나라도 특별히 잘하는 기술이 있어서 붙여주기도 한다. 난초를 그리듯 좌우로 빗나가는 티샷을 날리더라도 그게 엄청나게 멀리 나간다면 그도 당연히 골프 신동 소리를 들을 것이다.

문제는 대부분 '신동' 소리만 듣다 영원히 그 수준에서 벗어나지 못한다는 사실이다. 처음 '골프 신동' 소리를 들을 때는 몇 번만 더 라운드하면 100타를 깰 것 같다. 하지만 100타 깨기가 결코 만만치 않는다는 사실을 깨닫는 게 먼저다. 나중에는 자신이 골프 신동이 아니라 골프 둔재가 아닐까 싶은 자괴감에 빠진다.

　사실 100타를 쉽게 못 깨는 비밀(?)이 있다. 처음 머리 올릴 때 받는 스코어는 대체로 110타에서 130타 사이다. 하지만 이 스코어에는 엄청난 거품이 껴 있다. 몇 차례 티샷 OB가 스코어에서 빠지고, 몇 m나 되는 퍼팅도 경기 진행에 방해가 된다며 기브(OK)를 받게 된다. 벙커에 빠졌을 때 그냥 빼 놓고 치는 경우도 허다하다.

　누구라도 초보 때 몇 차례 라운드를 하게 되면 자신의 실력이 점점 늘어나는 것을 느낄 수 있다. 하지만 스코어는 쉽게 줄어들지 않는다. 실력이 좀 좋아지게 되면 거품으로 빠졌던 스코어가 스코어 카드로 돌아오게 되는 탓이다. OB를 낸 것도 스코어에 반영되고, 몇 m나 되는 퍼팅을 기브를 받곤 하던 혜택도 사라진다. 점점 110~130타가 자신의 실제 스코어가 되는 것이다.

　초보 골퍼에게 가장 후한 거품 스코어의 요인은 '양파 OK'일 것이다. 아마 머리 올리는 골퍼에게 모든 규칙을 지키게 하고, 홀아웃을 할 때까지 모든 타수를 계산한다면 전 홀에서 양파(더블파)를 했을 때 나오는 144타(파72홀 기준)를 넘을 수도 있다.

　세계의 유명 프로골퍼도 한 홀에서 더블파 이상을 치는 경우가 종종 있다. 1978년 일본의 나카지마 츠네유키는 세인트앤드루스 올드코스 17번홀(파4홀)에서 2온에 성공해 브리티시오픈 우승을 넘보고 있었다. 하지만 첫 퍼팅을 길게 치는 바람에 항아리 벙커에 빠졌고, 벙커에서 4타나 더 쳐 흔히 말하는 '양파 플러스 1'인 9타 만에 홀아웃했다. 이 벙커는 그 후 '나카지마 벙커'로 불리고 있다.

　'그린의 악동' 존 댈리는 파5홀에서 13오버파를 친 적이 있다. '양파 플러스 8'인 셈이다. 댈리는 1998년 베이힐 인비테이셔널이 열린 베이힐 골프장 6번홀(파5)에서 공을 무려 6개나 워터해저드에 빠뜨리며 18타 만에 홀아웃했다.

　'골프 신동' 소리를 들었던 선수치고 성공한 케이스가 많지 않다는 사실은 프로골프의 세계에서도 크게 다르지 않다. 타이거 우즈나 필 미켈슨처럼 어릴 적 신동 소리를 듣고서도 나중에 세계 최고의 골퍼가 된 경우는 많지 않다. 오히려 비제이 싱, 양용은, 최경주처럼 늦게 골프를 배운 선수들이 롱런하는 것을 보면 '노력하지 않는 천재'보다 '노력하는 늦깎이'가 나을 지도 모르겠다.

영원히 골프 신동 소리만 듣다가 허접한 골프 인생으로 끝내고 싶은 골퍼는 한 명도 없을 것이다. '골프 신동'에서 진정한 '골프고수'로 환골탈태하고 싶다면 스코어에서 거품을 빼는 것이 가장 먼저 해야 할 일이다. 그리고 궁극적으로는 연습벌레가 되는 길 밖에 없다.

10 1번홀 첫 티샷의 공포

"에이, 왜 하필 나야?" 1번홀에서 순서를 정할 때 아너(첫 번째 티샷을 하는 골퍼)가 되면 대부분 이런 반응이다. 아무래도 첫 번째 티샷을 하는 골퍼가 가장 긴장도 많이 하고, 실수도 많기 때문일 것이다. 심지어 1번홀 주변에서 자기 차례를 기다리는 팀이 몇 팀 더 있을 경우 갤러리(?) 앞에서 샷을 하게 돼 더 많은 실수를 한다.

비단 1번홀 아너 뿐 아니다. 두 번째, 세 번째, 그리고 마지막에 티샷을 하는 골퍼도 첫 홀 티샷은 결코 만만치 않다. 프로골퍼조차 첫 홀 티샷의 공포를 느낀다고 한다. 그래서 첫 홀에서 터무니없는 티샷 실수를 한 프로골퍼가 꽤 많다.

대표적인 선수는 골프전설 중 한명인 리 트레비노다. 1968년 오크힐 골프장에서 열린 US오픈 최종일. 리 트레비노는 선두

를 1타차로 추격하고 있었다. 당시 28세였던 그는 아주 빠르고 스윙 궤도가 평평한 독특한 스윙을 갖고 있었다. 한 기자는 그의 스윙을 '원시적'이라고 혹평했을 정도다. 트레비노는 압박감을 견디지 못하고 티샷을 토핑 내더니 바로 앞 러프에 공을 처박았다. 물론 이 티샷이 그의 긴장감을 풀게 한 것 같다. 이 홀에서 보기를 기록했지만 이날 69타로 선전해 첫 메이저 우승을 거머쥘 수 있었다.

왕년의 '골프황제' 잭 니클라우스조차 첫 홀 티샷의 압박감에서 벗어나지 못한 경험이 있다. 1991년 US오픈 때 니클라우스의 첫 티샷도 상상할 수 없을 정도로 휘어져 훅이 나더니 공이 홀을 벗어났다. 첫 홀에서 받는 신경과민은 기량에 관계없이 누구에게나 찾아온다는 사실을 극명하게 보여준 사례가 된 샷이다.

1996년 미국 켄터키주 루이빌의 발할라골프장에서 열린 미국 PGA챔피언십에서도 웃지 못할 샷이 나왔다. 루이빌 출신의 루스 코크란은 최종일 2타차 선두를 달리고 있었다. 이 지역 갤러리의 응원은 하늘을 찌를 듯했다. 하지만 열광적인 응원이 부담이 됐는지 코크란은 첫 홀에서 4번 우드를 잡고도 머리 높이도 뜨지 못하는 최악의 샷을 했다. 이른바 뱀샷이 나온 것. 이를 지켜본 한 갤러리는 "지금껏 저렇게 빠른 스윙을 본 적 없다"고 했을 정도였다.

첫 홀에서 미스샷이 자주 나오다 보니 프로골퍼도 긴장감을 해소하기 위해 다양한 방법을 쓰기도 한다.

트레비노는 1971년 US오픈에서 니클라우스와 플레이오프 18홀 경기를 하게 됐다. 첫 홀 미스샷 경력이 있는 트레비노는 수많은 갤러리들이 몰려 있는 첫 홀 티잉 그라운드에서 안정을 취할 필요가 있었다. 그래서 자기 골프백에서 딸에게 선물할 고무로 된 장난감 뱀을 들고 오더니 니클라우스를 향해 애들 장난처럼 던지는 것이 아닌가? 오히려 놀란 것은 여자 갤러리였다. 이 장난이 효과를 봤는지 트레비노는 68타를 치며 71타에 그친 니클라우스를 누르고 정상에 올랐다.

다시 주말골퍼에게로 돌아와 보자. 첫 홀 티샷을 극복하는 방법은 많다. 충분한 스트레칭, 4분의3 정도의 간결한 스윙, 넓은 스탠스, 천천히 시작하는 백스윙, 깊은 숨 호흡, 3번 우드 티샷 등이다.

하지만 첫 홀 티샷을 극복하는 최고의 방법은 '아님 말고'식의 배짱 스윙이다. 프로골퍼조차 긴장하는 것이 첫 티샷 아닌가.

 '하지 말라'는 게 너무 많은 골프 레슨

머리 들지 말라, 손목 쓰지 말라, 팔로만 스윙하지 말라, 팔 굽히지 말라, 어깨 힘주지 말라. 골프 교습가들은 왜 그렇게 '하지 말라'는 게 많은지. 스윙이 조금만 엉망이다 싶으면 동료들까지 나서서 가르치려고 드는 게 골프 레슨의 현실이다. 한국의 레슨 프로골퍼나 주말골퍼들은 모두 엄청나게 많은 골프 이론으로 무장돼 있다. 하지만 여러 가지 문제점을 갖고 있다는 사실을 부인하기 어렵다. 체계적이지 못하고, 일방적이며, 개인의 특성을 무시하고, 또 너무 많은 이론이 혼재해 있다.

일단 어드레스만 보자. 프로골퍼조차 무게중심을 어디에 두어야 하는가에 대해 물으면 가지각색의 답을 한다. 어떤 이는 발 끝, 또 다른 이는 발뒤꿈치, 그리고 발 전체라는 프로골퍼도 있다. 도대체 무엇이 맞는 것일까.

임팩트를 보자. 장타자 김대현이나 여자 지존 신지애는 오른발 바닥을 지면에 가급적 붙이면서 임팩트를 한다. 하지만 대부분 선수들은 오른발이 지면에서 떨어져 있다. 다다익선이 분명하겠지만 반대로 하는 선수가 김대현과 신지애라면 얘기가 달라진다.

레슨 프로를 몇 차례 바꿔 본 주말골퍼라면 그때마다 이론이 달라 당황해 한 경험이 있을 것이다. 아주 기본적인 것조차 코치에 따라 서로 다르게 가르치는 바람에 어느 이론을 따라야 할지 혼란스럽다. 세계적인 골프교습가인 데이비드 레드베터가 한국에 왔을 때 "너무 많은 이론에 집착하는 것은 좋지 못하다"고 조언한 적이 있다. '단순화'와 '일체화'가 레드베터가 추구하는 레슨의 주요 포인트다.

한때 타이거 우즈의 스윙을 따라하려는 열풍이 불었다. 그의 연속 스윙 사진이 대다수 연습장 벽을 장식했다. 하지만 지금의 우즈는 어떤가? 그는 무릎 수술을 네 번이나 받았다. 과격한 스윙이 문제였던 것이다. 결국 우즈도 프로 입문 후 몇 차례나 스윙을 바꾸며 나이에 맞게 스윙의 변화를 추구하고 있다.

하물며 연습량이 절대적으로 모자라고 유연성마저 떨어지는 주말골퍼에게 개인의 특성이나 나이는 고려하지 않고서 일방적인 레슨을 한다면 제대로 받아들일 수 있겠는가? 레슨을 받으러 연습장에 처음 가면 30대든지, 40대든지, 50대든지 똑같은 레슨을 받는다. 남녀의 구분은 있지만 노소의 구분이 없는 것 또한 한국 골프 레슨의 현주소다.

주말골퍼들이 연습장에서 레슨을 받으면서 가장 불만을 토로하는 것이 무엇인지 레슨 프로들은 알고 있을까? 오랫동안 칩샷을 하듯 볼만 치라고 하니 흥미를 잃어 골프를 포기하고 싶다는 것이다. 국내 여자골퍼들의 스윙은 너무 아름답다. 하지만 스윙 폼만 가르치지 어떻게 힘을 주는지 가르치지 않는다. 멋진 폼으로 드라이버샷을 날려 보지만 공은 100야드도 못 가는 경우를 자주 본다.

《반대로 하는 골프》의 저자 최혜영 씨는 '머리를 억지로 고정할 필요 없다'거나 '백스윙 때 너무 무리하게 팔을 곧게 할 필요가 없다'는 식의 상식을 벗어나는 이론을 제시해 화제가 된 적이 있다.

사실 골프 레슨이라는 게 참 말처럼 되지 않는다. '몸 따로 생각 따로'인 유연성 없는 주말골퍼에게 백스윙할 때 왼팔을 구부리지 말라고 하면 그게 어디 가능한 일인가?

정말 엉뚱한 스윙을 갖고도 260야드, 270야드를 뻥뻥 날리고, 70대 싱글 스코어를 내는 주말골퍼들을 많이 볼 수 있다. 레슨을 받아 보지 않은 이들 중에도 싱글 골퍼가 많다. 그들은 나름대로 자신에 맞는 스윙을 개발해 몸에 익힌 것이다.

이시카와 료의 인기가 하늘을 찌르고 있다. 폭발적인 스윙과 장타는 갤러리를 매료시키기에 충분하다. 하지만 그런 스윙으로는 절대 오래가지 못할 것이라는 평가가 많다. 골프를 시작하는 초보자들에게 늘 듣는 질문이 있다. "얼마 정도 연습하면 필드에 나갈 수 있느냐?"는 것이다.

'최소 3개월 정도 스윙 연습하지 않으면 안 된다'는 고정 관념이 골프를 시작하고 싶었던 '잠재 골퍼'들의 진입을 막았던 게 사실이다. 그나마 최근에는 스크린골프가 그 것을 커버해 주고 있기는 하지만. PGA투어에서 7승을 거둔 최경주는 어린 시절 잭 니클라우스의 비디오를 보면서 스윙을 익혔다고 한다. 골프 스승은 반드시 사람일 필요는 없다. 책이 될 수도 있고, 비디오가 될 수도 있다.

12 장타 스트레스가 셀까?
퍼팅 스트레스가 셀까?

장타 스트레스가 더 클까? 아니면 퍼팅 스트레스가 더 클까? 장타와 퍼팅은 주말골퍼의 영원한 숙제다. 장타 때문에 고민이 많은 골퍼가 있는 반면, 퍼팅 실력만 따라 준다면 매일 싱글 스코어를 내겠다고 넋두리하는 골퍼도 있다. 일반적으로 주말골퍼는 장타 때문에, 프로골퍼는 퍼팅 때문에 스트레스를 받는다고 한다. 주말골퍼 중에서도 하수는 장타에, 고수일수록 퍼팅에 더 스트레스를 받는다.

어느 명문 골프장에서 제대로 된 서비스를 한다며 거리 측정기를 비치한 적이 있다. 호기심이 많은 골퍼들이 일부 이 거리 측정기를 갖고 코스에 나갔다. 그런데 골퍼들이 대부분 씩씩대며 들어오는 것이 아닌가? 사연은 이렇다. 그 거리 측정기는 홀까지 남은 거리만이 아니라 방금 친 드라이버샷 거리도 나오게 하는 프로그램이 입력돼 있었다. 티샷을 잘 치고는 공이 떨어진 지점으로 걸어가 얼마나 나왔나 기대를 갖고서 쟀더니 대부분 생각보다 한참이나 적게 나온다는 것이다. 괜히 거리 측정기를 갖고 나갔다가 장타 스트레스만 실컷 받다가 온 셈이다. 몇 달 지나지 않아 골프장 측은 거리 측정기 대여 서비스를 그만뒀다.

골퍼들과 달리 골프장 주인들에게는 '전장 스트레스'가 있다. "이 골프장 왜 이리 짧아." 골퍼들이 이런 소리를 하는 것을 가장 싫어한다. "좁은 곳에 억지로 만든 골프장이군." 이 소리도 싫다. 그러다 보니 새로 만든 코스나 리모델링한 코스 중에는 전장이 긴 곳이 꽤 많다. 골프장 주인은 흐뭇할지 모르지만 짤순이들의 거리 스트레스는 더 늘어났다.

파4홀마다 티샷하고 나서 매번 우드를 잡아야 하는 짤순이들의 기분을 알기나 하는 걸까? 매번 세컨드샷을 처음 하는 기분은 알까? 짤순이들에게는 두 가지 불문율이 있다.

첫째, 장타를 치는 여자골퍼에게 절대 같은 티(레귤러티)를 개방하지 않는다는 것이다. 아주 관대하다는 듯 레이디 티에서 치게 한다. 내기가 걸렸더라도 자존심이 상하는 것보다 돈으로 때우는 게 훨씬 낫다. 이 여성골퍼보다 짧게 나갔을 때 받을 거리 스트레스를 어떻게 감당할 수 있겠는가?

둘째, 조상 탓을 하지 않는다. 골프는 운이 많이 따라야 하는 운동이다. 징크스도 많은 운동이다. "왜 이렇게 저를 낳으셨나요?" 원망만 늘어놓는 골퍼를 좋아할 동료도 없다. 괜히 자신만 깎일 뿐이다. 하늘은 스스로 돕는 자를 돕는다고 하지 않는가. 당장 나가서 1m라도 더 보낼 수 있는 방법을 찾아보라.

퍼팅 스트레스는 장타 스트레스에 비할 바 안 된다. 퍼팅만큼 변명을 많이 댈 수 있는 샷도 없을 것이다. 어젯밤 술을 마셨더니 손이 떨린다는 둥, 새 퍼터를 바꿔 나왔더니 아직 손에 익숙하지 않다는 둥, 그린을 너무 꼬아 놨다는 둥, 그것도 안 되면 '오늘 따라' 퍼팅이 너무 안 된다고 하면 그만이지 않은가.

하지만 프로골퍼들이나 싱글 핸디캐퍼들에게는 이런 변명이 통하지 않는다. 퍼팅 한두 개 때문에 스코어가 엉망이 되기 때문이다. 프로골퍼들에게 가장 신경 쓰이는 샷이 무엇이냐고 물으면 열중 여덟, 아홉은 1m 내외의 퍼팅이라고 한다.

2010년 한국에서 처음 열린 PGA시니어투어인 포스코건설

61

송도챔피언십에 출전하기 위해 한국을 방문했던 베른하르트 랑거는 퍼팅 입스 때문에 엄청난 스트레스를 받았다고 한다. 이 퍼팅 그립, 저 퍼팅 그립 안 바꿔 본 게 없다. 다행히 롱퍼터를 쓰면서 퍼팅 입스에서 벗어나 다시 전성기를 누렸지만 당시 골프를 그만둘까 심각하게 고민했다고 한다.

골퍼들에게 세상에서 가장 좋은 운동이 무엇이냐고 물으면 열중 아홉은 골프라고 할 것이다. 또 스트레스를 가장 많이 주는 스포츠가 무엇이냐고 묻는다면 열 명 모두 골프라고 답할 것이다. 그리고 골프 라운드 중 가장 스트레스를 주는 게 무엇이냐고 물으면 열 중 칠 팔은 드라이버샷 거리라고 할 것이다. 골프 스트레스 중 최고는 역시 장타 스트레스다.

13 이유 있는 홀인원 명당

지금은 '그림 속의 골프장'이 된 금강산 아난티골프장에는 '깔대기 홀'이 있다. 공이 그린에만 올라가면 굴러서 홀로 빨려 들어갈 수 있도록 한 홀이다. 홀 크기도 일반적인 것(직경 108mm)보다 엄청 크다. 내리막인데다가 거리도 150m 정도만 보면 되기 때문에 골퍼에 따라 적당한 골프채를 선택한 뒤 가볍게 '툭' 치면 그냥 홀인원이 나온다. 골프장이 운영될 때는 이 홀에서 하루에도 수십 개의 홀인원이 나왔다. 물론 홀인원 보험을 받을 수 없는 이벤트 홀이다.

이른바 '홀인원 명당'이란 게 있다. 매년 그 홀에서는 20개 내외의 홀인원이 작성되는 곳이다. 주말골퍼가 홀인원할 확률이 1만 2,000분의 1이지만 이들 홀에서는 '그 확률이 숫자'일 따름이다.

매년 홀인원 명당으로 꼽히는 대표적인 홀들은 파미힐스CC 동코스 8번홀, 중앙CC 마운틴 3번홀, 용인 프라자CC 라이언 12번홀, 아시아나 동코스 16번홀, 골드CC 챔피언코스 2번홀, 대구CC 동코스 5번홀과 중코스 2번홀, 경주신라CC 화랑코스 16번홀 등이다.

이들 홀들에는 공통점이 꽤 많다. 레귤러 티 기준으로 160m보다 긴 홀이 없다. 대부분이 평지이거나 내리막 홀이면서, 그린 경사를 타고 한 곳으로 공이 모이는 지점이 있다. 홀인원이 많이 나오는 이유이기도 하다.

파미힐스CC 동코스 8번홀은 이따금 하루에 2개 씩 홀인원이 나오는 명당 중의 명당이다. 챔피언 티 기준으로 180m나 되지만 레귤러 티로 137m로 플레이된다. 무엇보다도 그린 경사가 가운데 쪽으로 몰리다 보니 중앙에 핀이 꽂혀 있을 때 홀인원이 많이 나온다. 거리도 그리 길지 않고 핀이 중앙에 꽂혔을 때는 약간 빗맞더라도 그린 경사를 타고 홀인원이 많이 나온다는 것이다. 중앙CC 마운틴 3번홀은 그린 주변에 벙커가 있지만 레귤러 티 기준으로 110m에 불과해 홀인원이 자주 나오는 경우다.

주말골퍼도 정확한 샷이 가능한 짧은 아이언이나 웨지를 잡고 샷을 할 수 있어 홀인원이 많이 나온다. 대구CC 동코스 5번홀은 내리막이어서 홀인원이 자주 발생하는 곳. 레귤러티 기준 160m이지만 내리막을 감안해서 140m 정도만 보면 그린을 공략할 수 있다.

이 골프장 중코스 2번홀이 홀인원이 많이 나오는 이유도 특별하다. 이 홀은 150m로 그리 만만하지 않지만 오른쪽 그린을 사용할 때 홀인원이 많이 나온다. 티잉 그라운드에서 봤을 때 왼쪽 그린은 약간 높고, 오른쪽 그린은 약간 낮은 탓에 왼쪽으로 샷이 가더라도 왼쪽 그린을 맞고 오른쪽 그린으로 올라가 홀인원이 된다는 것이다.

아시아나CC 동코스 16번홀도 독특하다. 사실 아시아나는 그린이 까다롭기로 유명하다. 이 홀 역시 그린이 상당히 꼬여 있다. 무엇보다 이 홀은 상당히 오르막이다. 레귤러 티 기준으로 124m밖에 되지 않지만 20m 정도는 더 보고 샷을 해야 한다.

홀인원이 많은 이유는 그린에 있다. 핀을 앞이나 중간에 꽂았을 때 경사가 티잉 그라운드 쪽으로 기울어져 있어 길게 친 샷도 굴러서 홀로 내려오는 것이다. 경주 신라 화랑코스 16번홀처럼 124m에 약간 내리막인 홀에서야 얼마나 홀인원이 많이 나오겠는가? 파3홀이 어렵기로 유명한 우정힐스CC 같은 곳에서는 홀인원을 노려 봤자 가능성은 별로 없다.

'깔대기 그린'과 완전히 상반되는 '솥뚜껑 그린'이라는 것도 있다. 솥뚜껑처럼 그린 중앙이 높고 그린 사이드가 낮은 형태다. 이런 그린에서는 스핀을 먹이거나 핀 근처에 정확히 떨어지지 않은 공은 밖으로 굴러 나가 버리니 홀인원이 나올 확률이 확 떨어진다.

하지만 홀인원 명당으로 소문난 곳에서는 실력이 없는 골퍼도 여러 가지 이유로 행운을 가질 수 있다. 홀인원 명당은 모두 나름의 이유가 있는 것이다.

 # 골프티에 목매는 사람들

골프용품 중 가장 볼품이 없다. 하지만 잃어버릴까 노심초사하며 목매는 골퍼들이 유난히 많다. 무엇이 떠오르는가? 머릿속에 떠오르는 그대로 골프티에 대한 얘기다. 골프티는 티잉그라운드에서 공을 올려놓을 때 쓰는 골프 보조기구다. 하지만 골프티가 없다고 생각해 보라. 골프장갑이 없어도 골프를 할수 있다. 모자도 필수 품목은 아니다. 중요도로 따지면 골프채, 골프공, 그 다음이 골프티가 아닐까 싶다. 골프티 없이 날리는 드라이버샷은 상상도 할 수 없다.

물론 이 작고 초라한(?) 골프티를 바라보는 시각은 극과 극을 달린다. 일단 소모품 정도로 보는 시각이다. 티샷을 할 때마다 티 하나씩 날리는 스타일이다. 보이면 줍고, 시야에서 사라지면 찾을 생각도 하지 않는다. 이런 골퍼들의 티는 대체로 짧은 것이 보통이다. 롱티 중에서도 짧은 것은 골프장이 한 움큼씩 카트에 준비해 놓는다.

반대로 골프티를 애지중지하는 주말골퍼 대부분은 아주 긴 롱티를 사용한다. 긴 롱티는 구하기 쉽지 않기 때문에 한 개라도 잃어버리면 골프공 잃어버린 것보다 더 안타까워한다. 이런 골퍼들은 캐디에게 이런 당부를 꼭 한다. "공 날아가는 것은 보지 않아도 좋으니 제발 티가 어디로 사라지는지 꼭 봐주세요."

티가 어느 방향으로 튀는 지에 따라 샷의 성공 여부가 결정된다는 사실을 아는지. 굿샷일 때 항상 일정한 방향으로 날아가던 티가 미스샷이 날 때는 다른 방향으로 날아간다. 정말 큰 미스샷이 났을 때는 골프티도 어디론가 사라진다.

프로골퍼와 주말골퍼 중 누가 더 티를 높게 꽂고 사용할까? 정답은 주말골퍼다. 프로골퍼는 정확성을 중시하고, 주말골퍼는 거리에 중점을 두는 탓이다. 프로골퍼 김대섭은 "바람의 영향 등을 꼼꼼히 계산해야 하고, 러프나 벙커 같은 장애물을 피해야 하기 때문에 정확한 샷을 하기 위해서 대부분 티를 낮게 꽂는다"고 설명한다. 하지만 페어웨이가 넓거나, 장타를 꼭 쳐야 하는 홀이라면 티를 높게 꽂고 상향 타격으로 가격한다.

프로골퍼 중에서도 주말골퍼처럼 약간 앞쪽(페어웨이 쪽)으로 기울여 티를 꽂는 이들도 있다. 상향 타격이 확실히 돼 멀리 보낼 수 있다고 판단해서다. 하지만 주말골퍼처럼 플라스틱티를 사용하는 프로골퍼들은 거의 없다. 아무래도 나무티에 비해 골프채 헤드가 빠져 나가는 데 저항이 생긴다고 판단하는 것이다.

티 높이에도 제한이 있다는 사실을 아는 주말골퍼들은 별로 없다. 골프규칙을 관장하는 영국골프협회(R&A)는 2004년부터 4인치(10.16cm) 이상의 골프티를 사용하지 못하게 했다. 아무래도 긴 티를 이용하면 장타를 칠 수 있기 때문에 불공정하다고 판단한 것이다.

프로골퍼 중에도 아주 긴 롱티를 사용했던 선수가 있다. 일본의 골프영웅 점보 오자키다. 오자키는 보통 프로골퍼에 비해 두 배 가까이 높게 티를 꽂아 드라이버샷을 했다. 야구 선수 출신이었던 오자키이기에 가능한 티 높이였다.

드라이버 입스로 고생했던 김대섭은 한때 상당히 낮게 꽂고 티샷을 했다. 하지만 드라이버샷에 자신감을 얻고 나서는 다시 높아지는 경향이 있다. 아무래도 티를 높이 꽂아야 멀리 칠 수 있다는 사실을 알기 때문이다. LPGA 스타 김미현은 "아이언 샷을 할 때도 티를 올려 놓고 샷을 하면 티를 사용하지 않았을 때보다 보통 5야드 정도 더 나간다"고 말하기도 했다.

골프티의 유래는 흥미롭다. 가장 최초의 골프티는 흙뭉치다. 잔디와 흙을 뭉쳐 그 위에 볼을 올려놓고 샷을 했다. 지금도 이렇게 티를 만들어 사용하는 프로골퍼가 있다. 여자 장타자 로라 데이비스다. 미셸 위도 잠시 데이비스처럼 잔디티를 사용해 티샷을 한 적이 있다. 하지만 정확한 임팩트가 어렵기 때문에 주말골퍼들은 따라하지 않는 것이 현명하다.

조금 더 발전한 골프티는 '샌드티'다. 젖은 모래를 뭉쳐 그 위에 공을 올려놓고 샷을 했다. 1900년대 초반만 해도 샌드티가 보편적이었다. 모래를 넣고 다니는 박스가 유행했고, 그래서 '티박스(tee box)'라는 말이 생겼다. 처음으로 티를 만든 주인공은 치과의사 조지 프랭클린 그랜트다. 하지만 현대적인 티의 형태는 아니었고 평평한 나무못 위에 공을 올려놓고 쳤다.

현대적인 골프티는 윌리엄스 로웰이 만들었다. 로웰은 1925

년 '레디티(Reddy Tee)'로 불린 이 골프티로 특허를 받았다. 로웰은 처음에는 그린 색깔을 사용했지만 나중에 빨간색으로 바꿨다. 최근에는 다양한 아이디어를 채택한 골프티가 많이 등장했다. 하지만 그래도 가장 많이 사용되는 것은 90년 전 쯤 등장한 '레디티'의 형태다.

15 골프에서 '진짜 위기'란

'핀으로부터 150야드 거리 정중앙 페어웨이로 공을 보냈을 때가 가장 위험한 샷이 나온다.' 어디에선가 한 번쯤 들어 봤을 골프 격언이다. 이런 골프 명언도 들어 봤을 것이다. '골프에서 방심이 생기는 가장 위험한 시간은 만사가 순조롭게 진행될 때이다'. 골프 전설 진 사라센이 한 말이다.

골프는 위기의 연속이다. 무시무시한 계곡을 넘겨서 샷을 해야 할 때도 있고, 골퍼 키보다 더 깊은 벙커에서 샷을 해야 할 때도 있다. 심지어 어떤 상황에서는 OB구역 사이를 뚫고 개미허리 같은 페어웨이로 공을 보내야 한다. 하지만 이런 상황은 그날 코스에서 라운드하는 4명 모두에게 찾아오는 공통적인 위기일 뿐이다. 골퍼 스스로 극복해야 하는 실제적인 위기다.

진짜 위기는 '멘탈의 위기'다. 이 위기는 개별적인 위기이기

73

도 하다. 시간을 돌려 '멘탈의 위기'로 돌아가 보자. 멘탈의 위기, 그 첫째는 바로 굿샷을 했을 때이다. 400야드짜리 파4홀에서 티샷한 공이 '오잘공(오늘 제일 잘 친 공)'이 나와 250야드를 날아가더니 페어웨이 정중앙에 놓였다. 남은 거리는 150야드. 7,8번 아이언으로 잘만 붙이면 버디도 노려볼 수 있는 절호의 기회다. 하지만 회심의 샷이 어처구니없는 방향으로 날아가 실망하게 되는 경험을 많이 했을 것이다.

무엇이 문제였을까? 두말 할 것도 없이 '멘탈의 위기' 상황을 깨닫지 못한 까닭이다. 기분은 들떠 있고 두 번째 샷이 멋지게 날아가 핀에 붙는 것을 보고 싶은 나머지 하지 말아야 할 헤드업을 해 버린 것이다.

샷 리듬은 평소와 달리 왜 그렇게 빨랐는지. 뒤늦게 후회해 봐야 공은 이미 원하지 않은 방향으로 떠나 버린 것을 어찌하겠는가.

'핸디캡'이 코스 어느 곳엔가 숨어 있다는 말이 있다. 보기 플레이어가 샷 감이 너무 좋아 80대 진입을 눈앞에 두다가도 마지막 몇 개 홀 위기를 넘지 못하고 그만 90대 스코어를 치는 경우다. 이 때 넘지 못한 위기는 대부분 '멘탈의 위기'다.

'버디 값'이란 말도 있다. 오랜만에 버디를 잡았다면 그 순간 엄청난 위기가 찾아온 것이다. 기분에 들떠 흥분할 때가 아니다. 통상적으로 버디 다음 홀은 '배판'이 아닌가. 신중에 신중을 또 기해야 하는 것이 버디를 잡은 다음 홀이다.

반대로 상대가 굿샷을 했을 때도 '멘탈의 위기'가 찾아온다. 180야드 해저드를 넘겨야 하는 상황이다. 비슷한 위치의 상대가 먼저 '미션 임파서블'샷을 완수했을 때 상당한 압박감이 따르게 마련이다. 나도 저런 멋진 샷을 날려야 한다는 부담감이 생기고 이 샷을 실패했을 때 따라올 대가를 떠올리며 머릿속은 온통 부정적인 생각으로 가득 찬다. 남들이 긴 거리 퍼팅을 '쏙쏙' 집어넣었을 때 아주 짧은 퍼팅을 뺀 기억도 있을 것이다. 프로골프대회를 보더라도 마크를 하고 신중하게 쳐야 할 퍼팅 거리에서도 홀아웃을 하겠다며 먼저 하는 경우가 있다. 이는 상대를 압박하는 수단으로 먼저 퍼팅하는 것이다.

'멘탈의 위기' 사례는 무궁무진하다. 세 명의 동반자가 차례로 티샷 OB를 냈을 때도 있다. 속으로 '대박이 터졌구나' 생각하며 흥분한 상태에서 샷을 하면 열 중 두 세 명은 OB를 낸다.

동반자 2, 3명이 동시에 퍼팅을 턱없이 짧게 쳤거나 길게 쳤을 때도 상당히 혼란스럽다. 그린 스피드나 퍼팅 라인에 자신감이 없어지기 때문이다. 상대가 기브를 줘도 될 것 같은데 안 줬을 때도 위기다. 기분이 상해 집중력이 떨어질 수 있는 탓이다. 또 '칩샷 뒤땅'처럼 턱없는 실수를 했을 때도 '멘탈의 위기'가 찾아온다. 실망한 나머지 다음 샷도 미스샷이 나올 확률이 높다.

PART

02

:: 웃기는 골프 ::

천의 얼굴을 가진 OK

연상 퀴즈 하나. 주말골퍼가 상대방에게서 가장 듣고 싶어 하는 달콤한 말은? 관련 골프 은어가 가장 많은 말은? 동료들끼리 불화를 일으키는 원인을 가장 자주 제공하는 말은? 아직도 안 떠오른다면 이 힌트는 어떤지, 퍼터 길이와 연관이 있는 말은?

이쯤 되면 '아, OK' 외칠 이들이 많을 것이다. '기브' 또는 '컨시드'를 한국적으로 표현한 OK는 천의 얼굴을 가졌다. OK 거리만 봐도 그렇다. 일단 그 퍼팅이 어떤 퍼팅이냐에 따라 들쑥날쑥이다. 쿼드루플보기 퍼팅을 한다면 1.5m 정도라도 족히 OK다. 하지만 파퍼팅이라면 1m를 OK 줄 수 있겠는가? 그게 버디 퍼팅이라면 50cm도 OK를 주고 싶지 않은 게 주말골퍼의 마음이다. "버디 퍼팅은 홀아웃해야지"하면서.

내리막이냐 오르막이냐에 따라서도 달라지는 것이 OK 거리

다. 1m 오르막 퍼팅과 50cm 내리막 퍼팅을 고르라면 어떤 것
을 택하겠는가? 프로라면 대부분 오르막 1m짜리를 택할 것이
다. 만일 내리막에 옆라인까지 겹쳤다면? 그때는 30cm 퍼팅을
하면서도 아마 손이 덜덜 떨리는 경험을 할 것이다. 세상에서
제일 무서운 게 마누라와 내리막 옆라인 퍼팅이라는 우스갯소
리도 있지 않은가.

OK는 기분 좋게 줄 때는 정말 순한 양 같다. ‘누이 좋고 매부
좋고, 스코어 좋고’. 하지만 어느 순간 사나운 개처럼 변하는 게

OK이기도 하다. "좀 전에 비슷한 거리 OK줬잖아", "그건 오르막이고 지금은 내리막이잖아", "(OK를 바라며) 영어 소리 안 나오네", "마크". 아이들 장난같다.

왜 OK 거리 때문에 자주 다툼이 나는 것일까? 사람 심리 탓일 것이다. '받고 싶은' OK 거리는 길고, '주고 싶은' OK 거리는 짧은 게 어쩔 수 없는 주말골퍼의 마음이다. 그래서 관련 골프 은어가 은근히 많은 게 OK다. 문제는 골프 은어에는 욕이 섞여 있다는 점. 욕의 의미는 스스로 상상하시길…. 골프 은어 'MS'와 'MBC'의 M은 모두 마크하라는 뜻이다. B는 비키라는 의미. 현직 미국 대통령 이름을 골프 은어에다 갖다 붙인 경우도 있다. '오'케이 '바'라지 말고 '마'크해.

OK 심리전을 아는가? 상대에게 후하게 'OK'를 남발하다가 결정적인 순간에 '마크'를 외쳐보라. 아마 상대는 상당한 충격 속으로 빠질 것이다. 엄청난 압박감 속에서 그 퍼팅을 어떻게 집어넣었다고 치더라도 아마 다음 샷부터 리듬을 잃을 것이 분명하다. 프로골퍼의 세계에도 OK는 있다. 1대 1로 붙는 매치플레이에서다. 이때 OK는 심리전의 유용한 수단으로 사용된다. 국내 한 대회에서 OK 때문에 볼썽사나운 일이 벌어질 뻔했다.

전말은 이렇다. 한 선수가 충분히 OK 받을 수 있는 거리에서 공을 집었다. 상대가 당연히 OK라고 했을 것이라고 판단해서다. 하지만 상대는 OK를 주지 않았고, 그 선수는 그 홀에서 패했다. 물론 그 홀에서의 패배가 승부를 결정짓지는 못했지만 이 해프닝은 두고두고 골퍼들 사이에서 회자됐다.

프로골퍼들이 가장 싫어하는 퍼트 길이가 바로 주말골퍼들의 OK를 바라는 그 거리다. 당연히 넣어야 할 짧은 거리의 퍼팅을 놓치게 되면 그 다음 샷에까지 좋지 않은 영향을 미치기 때문이다. 국내 남자골퍼 간판스타인 강욱순은 미국 퀄리파잉 스쿨 마지막 홀에서 50cm 정도 퍼팅을 놓쳐 PGA투어에 입성하지 못하고 나서 결정적인 짧은 거리 퍼팅을 실패하는 징크스에 시달렸다. 그가 슬럼프를 극복하고 다시 우승할 때까지 무려 5년이란 시간이 걸렸다.

'OK'를 자주 듣고 싶은가. 그렇다면 상대에게도 후하게 OK를 주든가, 분위기를 항상 좋게 유지하라. 하지만 OK가 쇼트 퍼팅 능력을 갉아 먹고 있다는 사실도 잊지 말길. OK 소리는 달콤할지 모르지만 언젠가 비수가 돼 돌아올 수도 있다.

02 골프의 섹시코드를 아는가?

'골프는 가장 섹시한 스포츠다.' 이런 명제를 던졌을 때 과연 옳다고 하는 이가 많을까, 아니면 말도 안 된다고 하는 이가 많을까? 어느 쪽이 맞는 지 골프에 숨겨 있는 섹시 코드를 한번 들여다보자.

일단 '홀'이라는 게 전라도 사투리로 참 '거시기'하다. 이런 농담이 있다. 퍼팅한 공이 홀로 향하고 있을 때, 남자는 "들어가라" 외치고 여자는 "들어오라"한다고. 설마 누가 그렇게 할까? 의심이 갈 것이다. 하지만 "들어오라"는 표현을 들은 적이 있다. 그런데 여자가 아니다. 약간은 여성스러운 한 남자골퍼가 어느 날 공이 홀로 들어가려 하자 "들어 와라, 들어 와라" 외치는 게 아닌가. 순간 웃음도 나오고, 당황스럽기도 하고 해서 상황을 찬찬히 살펴봤다. 그러자 그럴 수도 있겠구나 하는 생각도 든다. 퍼팅 하는 상대의 홀 '반대편'에 있던 그 골퍼는 정말 들어가길 바라는 간절한 마음에서 자기도 모르게 "들어 와라"고 했을 수도 있을 것이라고.

남자와 여자가 경쟁하며 함께 어울릴 수 있는 스포츠가 골프 외에 무엇이 있을까? 남녀가 어울려 골프를 하다 보니 자연스럽게(?) 야한 이야기나 농담이 오고 가기도 한다. 골프장에 남녀가 함께 왔을 때 아내인지, 애인인지 식별하는 방법에 대한 우스갯소리도 있다.

대충 이렇다. 부부는 별 말이 없지만 애인 사이는 다정하게 소곤거린다. 부부는 각자 자기 채를 빼들지만 애인에게는 다음 번 칠 채를 갖다 준다. 아내가 뒤땅을 치면 머리가 나쁘다고 말하고, 애인에게는 잔디가 나쁘다고 한다. 아내 공이 벙커에 빠지면 왜 하필 그 쪽으로 치냐고 하고, 애인에게는 이 골프장 벙커가 너무 많다고 한다. 아내가 OB를 내면 OB 티에 나가서 치라고 하고, 애인에게는 멀리건을 외친다.

하지만 이것은 아주 '구닥다리' 유머다. 요즘 젊은 부부들이 어디 그런가? 아내 눈치를 봐가며 골프하는 게 요즘 젊은 남편들이다. 모처럼 함께 라운드 나온 아내에게 감히 겁 없는 행동을 할 수 있을까? 오히려 애인에게 함부로 대해도, 아내에게는 쩔쩔 매는 게 맞을 것이다.

골프를 통해 부부 사이가 돈독해 지는 사례도 많다. 골프를 좋아 하는 한 노부부는 함께 미국을 동서로 횡단하고 남북으로 종단하는 부부 라운드를 펼쳐 주위를 부럽게 한 적이 있다. 또한 남자골퍼는 아내 사랑을 골프와 연관시킨 징크스를 하나 만들었다. 골프를 하기 전날 부부관계를 하지 않으면 그날 골프도 엉망이 된다고 스스로에게 주입시킨 것이다. 그러다 보니 남편이 골프를 하러 간다고만 하면 아내는 괜히 얼굴이 빨개진다고 한다.

'남자는 거리'라는 단순한 골프 광고 카피에도 성적인 코드가 숨겨 있다는 사실을 부인하기 어렵다. 골프장에서 라운드하면서 들은 이야기 중 가장 야하지 않으면서도 다시 생각해 보면 가장 야한 얘기다.

흥부가 형수(놀부 아내)에게 주걱으로 뺨 맞은 사연을 아는지? 배고프다고 울부짖는 아이들을 위해 자존심까지 버리고 쌀을 구하기 위해 형 놀부 집을 찾은 흥부. 그런데 형님은 없고 형수님만 부엌에서 쪼그려 앉아 밥을 하고 있지 않은가. 부엌 밖에서 형수님을 부르는 흥부. "형수님, 형수님." 놀부 아내는 불 피우는 소리에 들리지 않는 듯 뒤도 쳐다보지 않는다. 게면쩍은 흥부, 부엌 안으로 들어가면서 다시 부른다. "형수님, 형수님 안 들리세요?" 그런데도 여전히 밥 하는 데에만 정신이 팔려 있는 놀부 아내. 어쩔 수 없이 놀부 아내 뒤에 바짝 다가가 귓속말을 하는 흥부.

"형수님… 저, 흥분데요?"

03 핑계 없는 미스샷은 없다

핑계 없는 무덤 없다고 했다. 같은 내용의 속담으로 '처녀가 아이를 낳아도 할 말이 있다'고도 했다. 더 걸쭉한 표현을 쓴다면 '똥 싼 년이 핑계 없을까'도 있다. 이 속담을 골프로 끌어 들이면 아마도 '핑계 없는 미스샷은 없다'는 식으로 표현하면 어떨까 싶다.

골퍼들의 핑계는 헤아릴 수 없이 많다. 가장 흔한 핑계는 "전날 과음해서…"다. 직장인치고 술 약속 없는 날이 며칠이나 되겠는가. 너무 중요한 약속이어서 도저히 깨지 못했다는 등, 새벽 2시까지 먹었다는 등, 3차까지 가다보니 너무 많이 마셨다는 등 골프가 안 되는 이유를 전날 과음으로 몰고 간다.

과음이 매번 다음 날 골프를 망치게 하는 것은 아니다. 국내 남자골프 최다승(43승) 보유자인 최상호는 1977년 여주오픈

에서 우승하기 전날 지독히 술을 많이 마셨다고 회상한다. 전날 짓궂은 선배들에게 끌려 나가 만취가 되도록 술을 마셨지만 오히려 마지막 날 한장상, 김승학 등 당대 최고의 선수들과 같은 조로 우승 경쟁을 하면서도 술기운에 대범(?)하게 경기를 펼쳐 생애 첫 승을 차지했다는 것이다. 하지만 내일 골프 약속이 있는 골퍼가 최상호 선수 얘기를 핑계 삼아서 또 술을 마시고 있다면 미스샷을 각오하는 게 좋을 것이다. 술 마신 다음 날 공 잘 맞는 날은 많지 않으니까.

아시아 남자골퍼 최초로 메이저 우승을 차지한 양용은은 "과음하면 몇 홀은 술기운에 잘 될지 모르지만 홀을 거듭할수록 결국 체력과 집중력이 떨어져 퍼팅의 예민한 터치감과 거리 감각이 무너진다"고 지적한 적이 있다. 진짜 고수라면 라운드 전날 어떤 핑계를 대서라도 술자리를 피하는 게 맞다.

또 자주 쓰는 핑계거리가 있다. "어제 무리해서 연습했더니"다. 평소 연습과 담을 쌓고 살다 라운드 전날 무리하게 연습하면 탈이 나는 것은 당연하다. 샷이 잘 맞으면 잘 맞은대로 신이 나서 공을 마구 쳤을 테고, 안 맞으면 '왜 안 맞지?'를 신경 쓰며 어떻게든 스윙을 고쳐 보려고 또 무리했을 게 분명하다. 그래서 혹자는 연습을 할 것이라면 라운드 이틀 전으로 날짜를 잡는 게 현명하다고 했다.

공이 안 맞는 핑계를 징크스로 돌리기도 한다. "꼭 아침밥 먹고 온 날은 샷이 엉망이야", "어제 괜히 저녁에 바나나를 먹었더니 공이 이리저리 휘는군", "와이프에게 잔소리 들은 날은 이상하게 공이 안 맞더라고" 이런저런 핑계가 반복되다 보면 어느새 '징크스'가 돼 골퍼를 괴롭히는 것이다. 영어로 '(불운을 가져오는) 재수 없는 것'을 뜻하는 징크스(Jinx)는 골퍼를 울리고 웃긴다.

하지만 징크스는 마음의 병일뿐이다. 최상호는 "징크스는 골퍼의 약한 마음을 파고 들어오는 것이다. 벗어나는 게 타수를 줄이는 데 유리하며 혹시 생기면 좋은 쪽으로 바꾸는 게 현명하다"고 말한다. 타이거 우즈가 대회 마지막 날 빨간색 상의만 고집하는 것이 적절한 예다. 우즈는 빨간 옷을 입으면 쉽게 무너지지 않고 샷이 잘된다고 한다.

이도 저도 안 될 때 쓰는 변명도 있다. "이상하네, 오늘 따라 왜 이렇게 안 맞지"다. 사실 핑계가 많다는 것은 골프가 그만큼 예민한 운동이라는 증거이기도 하다. 아침에 먹는 밥의 양에 따라, 심지어 잠을 잔 시간의 양에 따라서도 샷이 달라질 수 있는 게 골프다. 하지만 핑계는 구찌나 내기처럼 골프의 재미를 높이는 존재임을 부인하기 힘들다.

핑계 없는 골프를 상상해 보라. 미스샷은 전적으로 내 책임이 된다. 톱 프로골퍼들도 늘 한 두 개씩 핑계를 대고는 한다. 그린 상태가 엉망이라는 둥, 잔디 종류가 달라서 샷을 제대로 하지 못했다는 둥, 갤러리들이 꼭 자기가 샷을 할 때만 웅성거린다는 둥. 천하의 타이거 우즈도 2010년 우승 없이 보내게 된 부진에 대해 여러 가지 핑계를 댄다. ‘와이프와 이혼해서’, ‘퍼팅이 너무 안 돼서’, ‘샷에 집중할 수 없어서’, ‘스윙 코치를 바꿔서’ 등등.

골프의 세계에 핑계 없는 미스샷은 없는 법이다.

 04 감칠맛 나는 '한국식' 골프용어

골프 상식을 테스트하는 질문 한 가지. 골프만큼 영어 표현을 많이 쓰는 스포츠 종목도 없을 것이다. 그럼에도 불구하고 골프 방송 아나운서나 해설자들조차 한국식으로 표현하지 않고는 의미를 제대로 전달하지 못하는 말도 있다. 무엇일까? 답은 '뒤땅'이다.

뒤땅을 영어로는 '팻샷(fat shot)'이라 한다. 공을 정확히 가격하지 못하고 뒤쪽 땅을 두텁게 쳤다는 의미. 하지만 팻샷을 알아들을 주말골퍼는 많지 않다. '뒤땅', 이 얼마나 적절하고 감칠맛 나는 표현인가? 공 한참 뒤쪽을 치는 상황을 '뒤땅'이라고 표현하는 것보다 확실하게 의미를 전달할 수 있는 단어도 없을 것이다. 물론 너무 '투박한' 표현이라고 반대할 이도 많을지는 모르겠다.

골프용어로 굳어진 것 중에 이미 보편화됐지만 가끔씩 쓰기가 껄끄러운 표현도 있다. '머리 올리기'다. 스포츠 중 일정 기간, 그것도 아주 오랜 시간 연습과 준비를 한 후 실전에 나서야 하는 운동도 없다. 그래서 고생 끝에 첫 라운드를 한다고 해서 그날을 '머리 올리는 날'이라고 한다. 하지만 머리 올린다는 사전적 의미가 무엇인가? '어린 기생이 정식으로 기생이 되어 머리를 쪽 지다', 또는 '여자가 시집을 가다'는 뜻이다.

언젠가 신문에 '머리 올리다'는 표현을 쓴 적이 있다. 다음 날 한 독자가 "도대체 그 뜻이 무슨 의미인지나 알면서 쓰느냐"며 항의 아닌 항의를 해 혼쭐이 난 적 있다. 그 후 신문기사에서는 단 한 번도 이 표현을 쓰지 않고 있다. 하지만 많은 골퍼들은 지금도 생애 첫 라운드를 '머리 올리는 날'이라며 기념하고 있다.

원로 골프 칼럼니스트인 최영정 씨는 골프공이라는 표현을 쓰지 말고 골프볼이라고 해야 한다고 칼럼을 쓴 적이 있다. 그러면서 우스갯소리로 낮게 깔리는 샷을 '땅볼'이라고 하지 '땅공'이라고 하지는 않는다고 덧붙인다. 그러자 다른 한 명이 그럼 '럭비공'은 어떻게 해야 하느냐며 반론을 폈다. 한국사람 중 누구도 럭비볼이라고 하지는 않는다는 것이다.

뒤땅과 더불어 땅볼도 누가 처음 쓰기 시작했는지 참 기발하다는 생각이 드는 것은 되려 너무 촌스럽기 때문일까? 요즘 땅볼을 뱀이 땅 위로 기어가는 것 같다고 해서 '뱀샷'이라 부르는 이도 꽤 많다.

하긴 북한에서 쓰는 골프용어와 비교하면 우리는 한참 한 수 아래다. 북한에서는 그린을 '정착지'라 한다. 그린에 공이 올라갔다면 "정착지에 안착했다"고 표현한다. 아이언은 '쇠채', 롱 아이언은 '긴 쇠채'다. 우드는 '나무채', 드라이버는 '제일 긴 나무채'다. 속된 한국식 표현과 비슷한 것도 있다. 바로 구멍이다. 북한에서는 홀을 구멍이라고 한다. 하지만 한국에서 쓰는 '홀=구멍'이라는 것은 성적인 코드가 들어간 표현이다.

물론 한국에서도, 심지어 북한에서도 순수 우리말이나 속어로 바꾸지 못하는 게 있다. 보기, 버디, 이글 등 홀의 성적을 나타내는 영어 표현이다. 그러고 보면 골프용어는 유난히 새와 관련된 게 많다. 버디(새), 이글(독수리), 앨버트로스(신천옹) 등 좋은 것은 모두 새 이름과 연관돼 있다. 골프는 '새 잡는 운동'인 것이다.

뒤땅을 치거나 땅볼을 날려서는 절대 새를 잡을 수 없다. 새를 잡기 위해서는 창공을 가로 지르는 굿샷이 필요하다. 이번 주 모두 굿샷하시길.

 05 주말골퍼가 제일 듣기 싫어하는 말들

장타자 배상문의 얘기다. 혈기왕성하던 20대 초반 방향성을 무시하고, 무조건 세게 후려치던 시절, 어느 대회에서인가 한번 정말 제대로 맞은 느낌이 났다. 동반 라운드를 한 선수들보다 30~40야드 정도 더 나간 것 같다. 의기양양하게 걸어가고 있을 때 어디선가 들려오는 한 갤러리의 목소리. "저렇게 멀리 치고 보기를 범하면 얼마나 억울할까?, 장타치는 골퍼치고 무서운 실력자 없더라구." 아마 쇼트게임에 무지 뛰어난 주말골퍼였던 모양이다.

두 번째 샷을 하면서 신경 쓰지 말아야 하는데 '보기'란 단어가 자꾸 머릿속을 어지럽힌다. 아차차. 미스샷을 하고 나서 후회하면 무엇하리? 소 잃고 외양간 고치는 격이다. 훌륭한 '점쟁이'덕에 정말 보기가 나왔다. 배상문은 몇 년이 지나도 그때 그

갤러리의 한마디가 잊히지 않는다고 한다. 물론 이것은 프로골퍼의 경우다.

만약 주말골퍼가 그만한 장타를 치고 그 얘기를 들을 수 있다면? 보기가 나오면 어떠리. 무조건 OK다. 주말골퍼들이 듣기 싫어하는 말은 오히려 그 반대다. "아니, 그렇게 좋은 체격을 갖고서 거리는 왜 그렇게 짧아요.", "맞을 때는 엄청 장타가 난 것 같은데 막상 와보면 거리가 안 나 있네요."

장타를 치고 싶지 않은 골퍼가 어디 있을까. 그렇지 않아도 거리 짧아 미치겠는데, 가슴을 후벼 파는 소리가 아닐 수 없다. "사장님이 먼저 치시면 안 될까요?" 샷 거리가 제일 짧다고 순서도 아닌데 먼저 치라고 한다. 남자, 여자를 막론하고 '거리' 자존심을 건드리는 말이 가장 듣기 싫다. 아마 가장 듣기 싫어하는 단어 1위는 '짤순이'일 것이다. '새가슴', '공무원 퍼팅 한다'는 소리도 듣기 싫지만 거리 자존심을 건드리는 것 만큼 아픈 말이 없다.

스윙 폼에 관한 것도 상대에게 어설픈 충고를 하지 않는 게 좋을 듯. 구력 15년 쯤 된 어느 골퍼에게 들은 애기다. 우연찮게 생면부지의 여자 동반자와 라운드하게 됐다. 새로운 멤버에 낯을 가려서 그런 지 그날따라 샷이 영 엉망이다. 몇 홀 지나고 나서 페어웨이에서 두 번째 샷을 하고 있는데, 그 여자 분이 옆에 오더니 한마디를 툭 던지고 간다.

"평소에 연습 별로 하지 않나 봐요." 아마 샷이 잘 안되니까 걱정을 해서 한 충고 같다. 그런데 구력 15년이나 됐다는 골퍼의 마음이 요동친다. "이런 망신이…." 그날 그 골퍼는 머리 올린 날만큼 화끈한 스코어를 냈다.

스윙에 관해 가장 하지 말아야 할 말은 "스윙 참 독특하시네요”다. 주말골퍼의 스윙은 정말 신비롭다. 어떻게 저런 스윙 폼으로 공을 똑바로 보내는 지 감탄사가 절로 나온다. 하지만 구력 10년 이상의 골퍼가 스윙 폼을 바꾸겠다고 해서 쉽게 바꿀 수 있겠는가? 그냥 자기 방식대로 스윙하고, 자기 방식대로 스코어를 내면 그만이다. 자신만의 골프 세계가 있는 것이다.

어드레스에 관한 것, 그리고 헤드업에 관한 것도 골프장에서는 하지 말아야 할 말 들이다. “신기하네요. 방향은 분명 오른쪽으로 섰는데 어떻게 공은 똑바로 날아가죠?”, 오른쪽 방향으로 서는 골퍼는 드로 구질, 왼쪽으로 서는 골퍼는 대체로 페이드 구질의 샷을 한다. 방향 역시 그 나름의 어드레스 특성인 것이다.

“헤드업만 하지 않으면 공이 잘 맞을 텐데.” 누군들 헤드업하고 싶어서 하는 줄 아나. 나도 모르게 헤드업이 되는 것을 어떻게 하라고. 그렇게 말대로 됐다면 진작 싱글 골퍼가 됐을 터. 골프의 묘미는 잘 되다가도 안 되고, 안 되다가도 잘 되는 것 아닌가? 그 맛에 골프광도 나오는 것이다.

‘굿샷’, ‘나이스 샷’, ‘원더풀 샷’, ‘그레이트 샷’, ‘인크레더블 샷’…. 골프에는 들어도 또 들어도 듣기 좋은 말도 아주 많다.

06 우즈의 어퍼컷 세리머니는 표절?

한 인터넷 사이트가 골프 트레이드 마크 순위를 매긴 적이 있다. '백상어' 그레그 노먼의 맥고모자(밀짚모자와 비슷한 형태), 재미동포 크리스티나 김의 베레모, 짐 퓨릭의 8자 스윙, 내털리 걸비스의 미니스커트, 앤서니 김의 이니셜 'A·K'가 새겨진 벨트 버클, 카밀로 비예가스의 스파이더맨 자세로 그린 읽기, 폴라 크리머의 핑크색 사랑, 타이거 우즈의 붉은색 셔츠 등이 대표적인 트레이드마크다.

이 모든 것을 제치고 당당히 1위에 오른 게 있다. 우즈의 어퍼컷 세리머니다. '피스트 펌프(fist pump)'라고도 하는 어퍼컷 세리머니는 상대를 주눅 들게 하고, 갤러리의 환호를 이끌어 낸다. 터치다운을 한 뒤 춤을 추는 미식축구의 엔드존 댄스(end-zone dance), 셔츠를 벗고 하는 축구의 슬라이딩 못지않은 스포츠 최고의 세리머니가 바로 우즈의 어퍼컷 세리머니다.

사실 어퍼컷 세리머니는 어느 날 갑자기 우즈가 들고 나온 것이 아니다. 진화와 발전을 거듭하다 결국 우즈에게서 최고의 빛을 보고 있는 것이다. 우즈의 어퍼컷 세리머니와 비슷한 것을 쉽게 찾아 볼 수 있다. 퍼터를 번쩍 치켜드는 것, 두 주먹을 동시에 올리는 것, 그저 앞으로만 뻗는 형태 등이다. 예전에는 얌전했던 골퍼들이 언제부터 이 세리모니를 하게 되었을까. 60년대 초반만 해도 신사의 게임인 골프에서 이런 역동적인 동작은 상상조차 하지 못했다. "얌전한 스포츠인 골프에서 피스트 펌프라니…."

이 동작의 시초는 1966년 잭 니클라우스에서부터 나온 것으로 알려져 있다. 1966년 마스터스에서 우승을 확정짓는 순간 니클라우스가 퍼터를 든 손을 번쩍 치켜 올린 모습은 오랫동안 최고의 명장면으로 꼽히고 있다. '피스트 펌프'의 시초라 할 만하다.

리 트레비노도 감정을 표현할 줄 아는 골퍼였다. 트레비노는 1971년 US오픈 때 니클라우스를 꺾고 우승할 당시 우즈의 포효와 비견될 만한 멋진 세리모니를 해 갤러리들의 열광적인 환호를 받았다. 아놀드 파머도 1974년 US오픈 우승 때 한 두 번의 주먹질을 했다. 이어 톰 왓슨, 세베 바예스테로스, 이언 우즈넘으로 조금씩 변형·발전됐고, '코트의 악동' 존 댈리는 1995년 브리티시오픈 때 역동적인 어퍼컷 형태의 피스트 펌프를 만들어 냈다. 데이비드 듀발, 어니 엘스, 할 서튼, 페인 스튜어트, 데이비스 러브 3세, 세르히오 가르시아도 멋진 골프 세리모니를 하는 골퍼들이다.

하지만 우즈만큼 역동적이고 카리스마가 담긴 어퍼컷 세리머니는 없다. 1994년 US아마추어 선수권대회에서부터 본격적으로 사용하기 시작한 우즈의 어퍼컷 세리머니는 바예스테로스의 열정, 니클라우스의 추진력, 트레비노의 파워, 파머의 카리스마를 동시에 담고 있다는 평이다.

니클라우스는 "피스트 펌프는 우즈의 트레이드 마크다. 물론 우즈가 처음 시도하지도 않았고 마지막 사용자도 되지 않겠지만 항상 그의 것이 최고가 될 것"이라고 찬사를 아끼지 않는다. 하지만 우즈의 어퍼컷 세리머니도 예전에 비해 자주 나오지 않는 것을 보면 니클라우스가 그랬듯이 언젠가 우즈의 시대도 갈게 분명하다. 그리고 어퍼컷 세리머니는 다른 선수의 트레이드 마크가 될 것이다.

'골프황제'도 두 손 두 발 든 '헤드업' 귀신

이 놈 참 못됐다. 골퍼들이 자신을 얼마나 싫어하는지 아는 걸까, 모르는 걸까? 떼려고 하면 오히려 착 달라붙는다. 찰거머리 같다. 골프를 끊지 않는 한 평생 따라 다닐 심산이다. 주말골퍼의 영원한 골칫덩어리 '헤드업' 귀신 얘기다.

초보시절 레슨 선생님에게 가장 자주 듣는 말이 "헤드업 하지 말라"는 것이다. 정말 지겹도록 듣는다. 헤드업 귀신은 주말골퍼, 프로골퍼를 가리지 않는다. 2010년엔 천하의 타이거 우즈가 헤드업 귀신에게 제대로 골탕 먹었다. 우승 한 번 못하고 2010년을 보내게 된 이유가 헤드업 귀신 때문이란다. 골프황제가 헤드업 때문에 고생할 것이라고 누가 상상이나 했을까?

헤드업 귀신에게 제대로 혼났던 주인공이 바로 국내 남자골퍼 간판스타인 강욱순이다. 그는 2003년 미국프로골프(PGA)

투어 퀄리파잉스쿨 최종일 마지막 홀에서 50cm 퍼팅만 넣었어
도 최경주의 뒤를 이어 미국 무대에 입성할 수 있었다. 하지만
그때 홀연히 헤드업 귀신이 찾아 왔다. 자기가 무슨 황야의 무
법자라도 되듯.

쇼트게임 잘하는 골퍼와 못하는 골퍼의 가장 큰 차이점이 무
엇인지 아는가. 바로 헤드업이다. 헤드업을 하지 않는 골퍼일
수록 쇼트게임과 퍼팅을 잘한다. 퍼팅에 관한한 최고의 격언인
'퍼팅 성공 여부는 귀로 확인하라'도 헤드업을 경계한 것이다.

혹시 헤드업 귀신을 부르는 '골프 5적'을 아는지? 첫째는 '긴장'
이요, 둘째가 '욕심'이라면 '조급증'과 '두려움'이 그 뒤를 따른
다. 그리고 마지막으로 '전날 마신 술' 정도일 것이다.

강욱순이 헤드업 귀신을 부른 것은 긴장이었다. 반면 우즈에
게 찾아온 헤드업의 원인은 조급증이다. 조금이라도 빨리 부활
의 샷을 날리고 싶은 마음에 어느 순간 헤드업 귀신이 찾아온
것이다. 주말골퍼들에게는 욕심과 두려움이 헤드업을 부르는
주된 이유다. 술을 많이 마신 다음 날 헤드업을 자주 하게 되는
경험을 누구나 해봤을 것이다. 몸이 말을 안 듣고 집중력이 떨
어지는 탓이다.

한 라운드에 헤드업을 몇 번이나 하게 될까? 통상적으로 핸
디캡 숫자와 같다. 핸디캡이 18인 '보기 플레이어'라면 매홀 한
번씩 헤드업을 한다는 계산이 나온다. 우드 잘 치기로 유명한
김미현은 주말골퍼들의 잘못 가운데 가장 흔한 게 바로 헤드업
이고, 그로 인해 슬라이스가 난다고 했다. 헤드업의 모든 골프
병의 근원이라는 것이다.

사실 헤드업은 골프와 비슷한 야구나 테니스 뿐 아니라 축구

같은 스포츠에서도 파워와 정확성을 잃게 하는 원인이다. 프리킥을 할 때도 헤드업을 하면 공이 뜨거나 뒤땅을 치게 된다는 것이다. 골프와 다를 게 없다. 그럼 헤드업 귀신이 가장 무서워하는 것이 무엇일까. 바로 집중력과 연습이다. 집중력 좋고 연습 많이 하는 골퍼를 보면 헤드업 귀신도 '십자가 앞의 드라큘라'가 된다.

여기서 헤드업과 관련해 인터넷에 떠도는 골프 유머 하나. 100타는 우습게 치는 초보 골퍼가 말솜씨 좋은 캐디와 골프를 하게 됐다. 샷을 할 때마다 찾아오는 헤드업 귀신. 샷이 제대로 될 리 없고, 스코어는 100타를 훌쩍 넘어 선다. 마지막 홀에서도 어김없이 헤드업 귀신이 찾아오더니 공은 슬라이스가 나 오른쪽 해저드로 향한다. 초보 골퍼가 투덜댄다. "해저드에 빠져 죽고 싶은 심정이야." 그런데 한 술 더 뜨는 캐디의 한마디. "(빠져 죽을 만큼) 그렇게 오랫동안 고개를 쳐 박고 (헤드업 하지 않고) 있을 것 같지 않은데요."

 ## 09 '나쁜 골퍼'가 골프도 잘한다?

심술로 따지면 놀부 못지않은 골퍼들이 있다. 먼저 슬로 플레이어. 샷을 하기 전 연습스윙은 왜 그렇게 많이 하는지. 50cm도 되지 않는 퍼팅 때도 사방을 돌아가며 그린을 읽는다. 이런 말이라도 하지 않았으면 밉지나 않으련만. "잔디가 역결이네." 하지만 막상 어드레스에 들어가면 신에게 빌 게 얼마나 많은지 잠시 기도 시간을 갖는다. 그나마 다시 어드레스를 풀어 라인을 다시 확인하지 않는다면 다행이다. 이른바 '터치맨'들도 있다. 공이 좋은 자리에 떨어지더라도 한번 골프채로 살짝 건드리지 않으면 직성이 풀리지 않는 골퍼들이다. 이들이 디봇 자국에서 샷을 하는 것을 본 적이 있는가. 숲속으로 들어가더라도 열에 아홉 번은 기가 막히게 탈출한다.

물론 이들에게는 장점도 없지 않다. 그 중 하나가 부지런하다는 것이다. 샷을 하고 나서 번개처럼 이동해 공을 좋은 자리로 옮겨 놓아야 하니 부지런하지 않은 골퍼는 '터치맨' 자격으로 빵점이다. 캐디를 탓하는 골퍼도 전형적인 '나쁜 골퍼'다. 잘하면 내 탓, 못하면 캐디 탓. 3m짜리 퍼팅을 하면서 2m는 족히 지나가게 쳐 놓고는 경사가 틀렸다고 캐디를 쳐다본다. 하이에나 저리가라 할 정도로 무서운 눈을 하고서 말이다.

핀까지 30야드도 남지 않았을 때도 꼭 거리를 물어 본다. 그 정도야 눈짐작으로도 거리를 알 수 있을 텐데. 핀에 못 붙였을 때는 꼭 거리 틀리게 불러 줬다며 꼭 한소리를 해야 직성이 풀리는 스타일이다.

자기 샷이나 행동에 결코 만족하지 못하는 '투덜이 골퍼'도 있다. 굿샷에도 더 잘 칠 수 있었는데 아쉬워하며 투덜댄다. 200야드에서 3번 아이언으로 그린에 올려놓고도 '에이~제주도 온이네'하며 만족하는 법이 없다. '레슨파 골퍼'도 그다지 환영받지 못한다. 샷을 하는데 옆에서 '헤드업을 하지 말라'든지, '티가 너무 높이 꽂혔다'고 말하는 골퍼는 기피대상이다. 툭하면 스코어를 속이는 양심 불량 골퍼들은 또 어떤가?

107

슬픈 사실은 '나쁜 골퍼'가 성적도 대체로 좋다는 것이다. 슬로 플레이어의 집중력은 가히 타이거 우즈급이다. 집중력은 골프고수가 되기 위한 필요충분조건이다. 무엇보다 슬로 플레이어는 상대를 기진맥진하게 해 집중력을 떨어뜨린다.

동료의 성적이 나빠지니 상대적으로 슬로 플레이어의 성적이 좋아질 수밖에 없다. 현역 시절 닉 팔도는 슬로 플레이어로 유명했다. 그와 같은 조에 편성되는 날이면 대부분 골퍼들이 좋은 성적 내기를 포기했을 정도다. 하지만 정작 닉 팔도는 여러 차례 메이저 우승컵을 들어 올리지 않았는가.

'터치맨'들의 성적이 좋은 것은 두말할 필요가 없다. 늘 좋은 자리, 좋은 위치에서 샷을 하니 성적이 나쁘면 그게 이상하다. 캐디를 탓하는 골퍼의 성적도 나쁘지 않다. '갑(골퍼)'이 툭하면 시비를 붙으니 조금이라도 신경을 쓸 수밖에 없는 것이 '을(캐디)'의 마음이다. 퍼팅 라인을 읽더라도 다른 골퍼에 비해 조금이라도 더 신중히 봐 줄 수밖에 없다.

그렇다면 우리 모두 나쁜 골퍼가 돼야 하는 것일까? 나쁜 골퍼들이 골프장에서는 좋은 스코어를 낼지 모르지만 결국 좋은 골프 동료를 잃게 된다. 일상생활로 돌아가면 더더욱 동료들로부터 인정을 받지 못한다. 이따금 남들이 전혀 보지도 않았는데도 룰을 위반했다고 자진 신고해 벌타를 받는 프로골퍼들을 보게 된다. 분명 신고를 하지 않았다면 많은 돈을 벌 수 있을 텐데도 양심을 포기하지 않는 것이다. 나쁜 골퍼보다 좋은 골퍼들은 노력과 연습을 더 많이 한다. 실력만이 나쁜 골퍼를 이길 수 있다는 사실을 잘 알기 때문이다.

'좋은 골퍼'들이여!, 부디 희망을 잃지 말라.

 # 홀인원 잘하는 비결(?)

　1만 2,000분의 1 대 3,000분의 1. 이는 주말골퍼와 프로골퍼의 홀인원 확률차다. 프로골퍼가 4배정도 홀인원 가능성이 높다. 홀인원을 하려면 운은 물론이고 실력도 따라줘야 한다는 사실을 증명하는 수치이기도 하다. '홀인원의 왕(King of Aces)'으로 불리는 프로골퍼가 있다. 주인공은 한때 미국프로골프(PGA) 투어에서 뛰었던 맨실 데이비스. 그가 기록한 홀인원은 50차례가 넘는다. 홀인원을 한 홀의 전체 거리도 9000야드에 육박한다.

　주말골퍼들도 홀인원을 노려봄직한 124야드짜리 짧은 홀에서 홀인원을 하기도 했고 주말골퍼는 도저히 꿈도 꾸지 못할 379야드짜리 홀에서 홀인원을 작성하기도 했다. 11세에 첫 번째 홀인원을 기록한 그는 1967~1987년에는 매년 적어도 하나

의 홀인원을 했고 1967년에는 무려 8개의 홀인원을 작성했다.

파4홀에서만 9개의 홀인원을 한 골퍼도 있다. 마이크 힐러는 별명도 진기록에 걸맞게 '포맨(FOURman)'이다. 파4홀 홀인원은 운만으로는 불가능하다. 파4홀에서 원온을 시킬 수 있는 장타가 꼭 필요하다. 힐러는 파4홀에서 원온을 시킨 횟수도 300회를 넘는다고 한다.

국내 선수 중에서도 홀인원 전문 골퍼가 있다. 일본에서 주로 활약하는 허석호다. 15번 이상 홀인원을 작성했다. 메이저 18

승의 대기록을 갖고 있는 '골프의 전설' 잭 니클라우스는 메이저 왕관보다 2개 많은 20개 홀인원을 기록했다. 2010년 기준으로 18개의 홀인원을 기록한 타이거 우즈는 니클라우스가 기록한 메이저 최다승보다 홀인원 기록을 먼저 깰 가능성이 높다.

자, 그럼 홀인원 잘하는 비법(?)을 보자. 행운의 사나이들은 저마다 '파3홀의 법칙'이 있다고 한다. 맨실 데이비스는 파3홀에서 티를 사용하지 말라고 권한다. 연습장에서나 페어웨이에서는 티업하지 않고 아이언샷을 하면서 파3홀에서만 티를 꽂기 때문에 확률이 떨어진다는 것이다. 깃대를 곧장 겨냥하고 잡념을 버리는 것도 홀인원 확률을 높인다고 주장한다. 하지만 데이비스 말에 반대하는 골퍼들이 훨씬 많다.

허석호는 핀을 보지 말고 그린 중앙을 보고 샷을 해야 홀인원 가능성이 높아진다고 한다. 편안한 마음에서 굿샷이 나오고 그래야 한 번에 홀에 들어갈 확률도 높아진다는 것이다. 그린에 공을 올리지도 못하면서 홀인원을 바라는 것은 '도둑놈 심보'가 아니겠는가. 세계적인 교습가 데이비드 레드베터는 낮게 티업한 후 한 클럽 길게 잡고 부드럽게 샷을 해주는 것이 좋다고 한다. 역시 긴장하지 않고 편안한 샷을 하는 게 중요하다는 의미다. 한때 세계랭킹 1위에 올랐던 닉 프라이스는 자신의 구질에 따라 적절한 티업 위치를 정하는 것이 중요하다고 주장한다.

여러 프로골퍼들의 얘기를 들어보면 '비법'이라기보다 안전하고 정확한 샷을 하는 '방법'쯤이 있는 것이다. 한 번도 홀인원을 해보지 못한 국내 한 골프장 오너가 문을 닫은 어느 날 하루 종일 파3홀에서 티샷을 해보았다고 한다. 아슬아슬하게 홀 근처에 떨어진 공도 몇 개 있었지만 결국 그는 홀인원을 하지 못했다.

제 아무리 실력이 있더라도 역시 홀인원은 운이 따라야 하는 모양이다.

# 못 말리는 프로골퍼의 고집

국내 남자골프 최다승(43승) 보유자인 최상호가 25년이나 쓰던 퍼터(핑 앤서)를 잃어버리고 나서 한동안 성적이 곤두박질쳐 고생했다는 일화는 유명하다. 이후 반달형 퍼터를 비롯해 3, 4개 퍼터를 더 써보다가 다시 예전의 핑 앤서 모양과 비슷한 퍼터를 쓰고 있다. 최상호가 무려 25년이나 한 퍼터를 고집했던 이유는 무엇일까? '칼날 퍼팅'으로 한 시대를 풍미했던 그로서는 우승의 대부분을 같이 했던 퍼터에 대한 믿음이 남달랐다. 지금은 고철이 돼 있을 그 퍼터가 최상호에게는 가족이나 마찬가지였을 것이다.

프로골퍼들은 은근히 고집스러운 면이 있다. 비단 최상호만이 아니다. 아시아 최초 메이저대회 챔피언이 된 양용은도 있다. 그를 잘 아는 팬이라면 그가 최상호 못지않게 퍼터에 애착을 가지고 있다는 사실을 알 것이다. 바로 오딧세이 투볼 퍼터에 대한 애정이다. 그 애정의 강도가 캘러웨이 소속사여서 오딧세이 퍼터를 써야만 하는 '투볼 퍼터 마니아' 아니카 소렌스탐보다 더하면 더했지 절대 모자라지 않다.

양용은의 투볼퍼터 사랑은 어떤 이유가 있는 것일까? 원래 오른손잡이였던 필 미켈슨(미국)이 아버지 스윙을 앞에서 보면서 왼손으로 따라하다가 '왼손 골퍼'가 된 이유와 비슷하다. 처음 골프를 배울 때 그는 반달형 퍼터를 썼다. 반달형 퍼터가 몸에 익숙할 무렵 투볼퍼터가 나왔고, 양용은은 물 만난 고기가 됐다.

하지만 양용은의 퍼터에는 비밀이 있다. 헤드 바닥에 무거운 실리콘이나 납을 붙인다. 퍼터 헤드의 무거운 느낌을 좋아하는 양용은에게 투볼퍼터는 너무 가볍기 때문. 워낙에 납을 많이 붙이다 보니 다른 프로골퍼들도 헤드 바닥만 보면 '양용은 퍼터'라고 단박에 알아차린다. 또 퍼터 헤드 페이스가 상당히 세워져 있다. 그것도 모자라 퍼팅할 때 각도를 더 세우는 모습을 자주 보게 된다.

양용은과 최경주는 야구모자 형태를 절대 쓰지 않고 선바이저만 애용하는 고집(?)도 있다. 두 선수가 야구 모자 형태를 쓰지 않는 이유는 어울리지 않기 때문이다. 턱선이 분명하고 얼굴 형태가 약간 둥근 두 선수가 야구 모자를 썼을 때 가뜩이나 둥근 얼굴을 더 둥글게 해 어울리지 않는다는 것이다.

나름대로의 패션 감각인 셈이다. 양용은의 경우 한때 카우보이 모자를 쓴 적이 있다. 하지만 얼마 가지 않아 다시 선바이저 형태로 바꿨다. 섬 출신에다, 비슷한 과정의 골프 역정과 성공, 둘 다 선바이저 형태의 모자까지 쓰다 보니 더욱 닮은꼴이 됐다.

프로골퍼의 고집 중에는 최나연의 유난한 바지 사랑도 있다. 최나연은 치마를 안 입기로 유명하다. 늘 긴바지를 입는다. 중고교 시절 친구들로부터 다리가 밉다고 놀림을 받다 보니 하체 콤플렉스가 생겼고, 마른 상체에 비해 하체가 굵어 보이는 것도 신경 쓰인단다. 몇 년 전 렉서스컵 때 단체복이라 어쩔 수 없이 치마를 입은 적이 있다. 당시 그는 스윙할 때 밑이 휑하고 그린 라인을 읽는 데도 불편해 고생했다고 털어 논 적이 있다. 반대로 유소연이나 김하늘, 그리고 내털리 걸비스(미국)처럼 치마를 자주 입는 여자골퍼도 꽤 있다. 물론 서희경처럼 치마와

바지를 적절히 조합해서 맵시를 살리는 여자골퍼도 있다.

골프공 번호에 관한 고집은 징크스 수준이다. 신지애, 김경태 등 많은 선수들이 1과 3이 새겨진 볼을 사용한다. 1은 1등이란 의미가 있고, 3은 골프장 18홀 중 가장 많은 파4 홀에서의 버디를 의미한다. 기분과 직결된다는 것이다. 다양한 이유로 지은희는 1번볼만 고집한다. 반대로 2는 2퍼트를, 4는 동양권에서 기피하는 숫자다. 하지만 방두환처럼 4번볼만 고집하는 선수도 있다. 루키 시즌이던 2007년 금강산아난티NH농협오픈에서 그 해 최고 성적인 2위를 차지할 때 4번볼을 썼기 때문이다.

타이틀리스트 골프공에는 1~8번 숫자가 찍힌 볼이 판매되지만 애덤 스콧(호주)은 특별 주문한 '9번 볼'을 사용한다. 이유는 밝혀지지 않았지만 그에게도 9는 특별한 의미의 숫자이기 때문일 것이다.

이처럼 프로골퍼들의 고집에는 모두 이유가 있다.

# 당신도 혹시 27홀 체질?

'27홀 체질'이라는 말이 있다. 초반에는 샷이 난초를 그리다가 후반 들면서 샷 감을 찾는 골퍼다. 그럴 땐 이런 생각이 든다. "잘 맞으니까, 벌써 18번 홀이네." 물론 이런 생각도 들 것이다. '9홀만 더 하면 정말 잘 칠 것 같은데.'

이런 기분도 든다. 27홀을 친 후 앞의 9홀을 빼고 후반 18홀만 계산하면 언제나 싱글 스코어를 낼 것 같다는. 물론 모처럼 골프장에 나왔는데 18홀로는 아쉽다는 의미에서 27홀 체질이라는 말이 나오기도 했다.

프로골퍼 중에는 후반으로 갈수록 약해지는 스타일과 후반으로 갈수록 강해지는 스타일이 있다. 아마 1,2라운드에서 깜짝 선두에 나섰다가 소리 소문도 없이 사라지는 선수가 전자일 것이다. 반면 '파이널 퀸'이라고 불리는 신지애같은 선수는 후

자다. 신지애는 이상하리만치 첫날 성적이 좋지 않다. 만일 첫날 '톱10'에 오르기라도 하는 날에는 누구도 그를 당해 낼 재간이 없다.

물론 프로골퍼의 애기다. 주말골퍼로 오면 약간 성격이 달라진다. 먼저 초반에 잘 치고, 후반에 약한 스타일을 보자. 십중팔구 소심한 성격의 소유자일 것이다. 일단 소심한 성격의 골퍼는 집중력이 좋기 때문에 초반에 좋은 스코어를 유지한다. 하지만 후반으로 갈수록 좋은 스코어를 내고 싶은 욕심도 강해지고, 내기 판도 커지는 게 보통이어서 압박감을 견디지 못하게 된다. 스코어가 좋을 리 없는 이유다.

소심한 스타일은 내기를 하더라도 배판만 되면 평소 나오지도 않던 더블, 트리플 보기를 쏟아 낸다. 1m도 되지 않는 짧은 퍼팅도 OK를 주지 않는다면 성공 확률은 50% 이하로 떨어 질 것이다.

잠시 쉬는 의미에서 OK와 관련한 유머 하나. 결혼해 달라고 구애를 하는 A, B, C 씨와 라운드를 하게 된 미녀 골퍼. 마지막

119

홀 짧은 퍼팅만 성공하면 생애 베스트 스코어를 내는 상황이
다. 그래서 그 퍼팅이 성공할 수 있는 길을 제시하는 사람의 구
애를 들어주겠다는 미션을 던진다.

먼저 A 씨. '필드의 스파이더맨' 카밀로 비예가스 못지않은 온
갖 폼을 잡아 가며 그린을 꼼꼼히 읽어 준다. B 씨도 질 수 없다.
'네버 업 네버 인(Never up, Never in)' 등 온갖 이론을 들먹이며
그 퍼팅을 성공할 수 있는 방법을 늘어놓는다. 하지만 '씩~'하고
웃던 C씨. 한마디로 제압한다. "OK, 줄게요. 편안하게 연습 삼
아 치세요." 미녀 골퍼는 누구의 구애를 받았을까? 후반에 강한
스타일은 일단 배포 두둑하고, 웬만한 상황에는 흔들리지 않는
강심장들이다.

이른 바 '27홀 체질'도 후반에 강한 스타일이다. 하지만 27홀
체질은 성격과 무관한 경우가 대부분이다. 27홀 체질의 골퍼는
'게으르다'는 공통점을 갖는다. 실전에 앞서 연습장에서 칼을
갈고 온 골퍼 중에는 27홀 체질이 거의 없다. 1시간 이상 여유
있게 와서 퍼팅 연습도 하고, 골프채도 몇 번 휘둘러보고, 스트
레칭까지 완벽하게 했다면 결코 27홀 체질이 될 수 없다.

반대로 출발 시간에 빠듯하게 골프장에 도착해서 밥도 먹는 둥 마는 둥. 퍼팅 한 번 해보지 않고 1번홀 티잉 그라운드에 올라 선 골퍼는 결코 '굿샷'을 날리기 힘들다. 제 샷감을 찾는데 9홀은 족히 들어간다.

하지만 누가 영원히 27홀 체질의 골퍼이고 싶겠는가. '체질'의 뜻을 보자. '태어나면서부터 갖추고 있는 신체의 형태나 기능에 관한 모든 상태와 성질'을 의미한다. 체질은 쉽게 바뀔 수 없는 특성을 갖는다. 하지만 27홀 체질을 바꾸고 싶지 않은 골퍼는 없을 것이다.

정말 골프를 잘하고 싶은가? 그럼 빨리 '18홀 체질'로 체질 개선을 하라.

 ## 멋진 건배사의 조건

　말 한마디로 천냥 빚을 갚는다고 했다. 반면 입을 잘못 놀려 화를 당한다고 해서 나온 '설화(舌禍)'란 말도 있다. 말이란 것이 그렇다. 득이 될 때도 있고, 독이 될 때도 있다. 요즘 '건배사'가 꼭 그런 모양이다. 청중을 확 휘어잡는 멋진 건배사를 하는 이들을 보면 "왜 나는 저렇게 건배사를 하지 못할까?" 그저 부러울 따름이다. 하지만 그 건배사가 자칫 상황 판단을 잘못 했을 때는 독을 바른 화살이 되어 돌아올 수도 있다.

　건배사의 주 발원지가 골프 모임이라는 데 이의를 제기할 이는 별로 없을 것이다. 올해 한 골프모임에서 생긴 일이다. 부부 동반으로 모인 그 자리에서 누군가 건배사를 했다. 그런데 그 건배사라는 것이 그만 '선'을 넘어 버렸다. 남자들이 선창한 부분은 생략한다 하더라도, 여자에게 '오래~ 오래~'를 외치게 했

다면 대충 어떤 내용인 지 짐작할 것이다.

이 건배사를 용납하지 못한 한 사람이 성희롱 발언이라며 항의하는 바람에 그 모임 분위기가 일순간 '착' 하고 가라앉았다. 다행히 사건이 더 확대되지 않았지만 그 건배사를 했던 주인공은 가슴이 철렁하고 내려앉았을 게 분명하다.

한 유명인이 '오빠 바라만 보지 말고 마음대로 해'라는 의미의 '오바마' 건배사를 했다가 곤욕을 치른 것은 이미 잘 알려진 사건이다. 만일 그 건배사를 한 주인공이 오바마 건배사의 다른 의미인 '오는 새해 바라는 대로 마음먹은 대로'라고 얘기했다면 설화(舌禍)는 당하지 않았을 것이다. 아니 오히려 훌륭한 건배사를 했다고 칭찬을 받았을 지도 모른다. 물론 남자들끼리 모인 자리에서는 '야한' 건배사가 통한다. 예로 '성행위'란 건배사가 있다. '성공과 행복을 위하여'란다. 그쯤이야 남자들끼리 모인 자리에서는 애교로 넘어가 줄 수 있다.

하지만 상황에 맞지 않고 분위기도 파악하지 못하는 건배사는 설화(舌禍)의 소지가 충분하다.

정말 멋드러진 건배사들이 얼마나 많은가. '고사리(고맙습니다, 사랑합니다, 이해합니다.)', '껄껄껄(좀 더 사랑할껄, 좀 더 즐길껄, 좀 더 배울껄)', '변사또(변함없는, 사랑으로, 또 만납시다)', '사우나(사랑과 우정을 나누자)', '당신멋져(당당하고, 신나고, 멋지게, 져 주고 살자)', '당나귀(당신과 나의 귀중한 만남을 위하여)', '사이다(사랑해요, 이 생명 다 받쳐, 다시 태어나도)' 등. '가감승제'란 건배사는 누가 생각해 냈는지 박수를 쳐 주고 싶다. 기쁨은 (더하고), 슬픔은 (빼고), 사랑은 (곱하고), 우정은(나누자)란 의미의 건배사다.

유머스런 건배사도 모임의 분위기를 살리는 데는 최고다.

‘지화자(지금부터 화끈한 자리를 위하여)’, ‘단무지(단순 무식하게 지금을 즐기자)’, ‘오징어(오래오래 징그럽게 어울리자)’, ‘119(1차만, 1가지 술로, 9시까지만)’, ‘마돈나(마시고 돈내고 나가자)’, ‘원더걸스(원하는 만큼 더도 말고 걸러서 스스로 마시자)’ 유머스런 건배사의 최고봉은 단연 ‘더불어’다. “여기 불어 하시는 분 계시나요? 그럼 오늘은 불어로 건배 제의하겠습니다. 제가 선창하면 ‘불어’로 화답해 주세요! 더~ (불어).”

골프 단어를 이용한 건배사도 애교 넘친다. ‘올파(올해도 파이팅)’, ‘올보기(올해도 보람차고 기분좋게)’, ‘올버디(올해도 욕심을 버리고 디게 건강하자)’.

이미 널리 퍼진 대중적인 건배사가 싫다면? 그럼 자신만의 건배사를 하나씩 생각해 두는 것도 좋다. 건배사라는 게 사실 ‘삼행시’와 비슷하다. 옛 골프여제 오초아로 삼행시를 짓는다면, ‘오(오래오래), 초(좋(초)아하고), 아(아끼며 살자)’정도 할 수 있지 않을까? 문제가 됐던 오바마도 충분히 다르게 할 수 있다. ‘오(오늘), 바(바쁘더라도), 마(마음만은 너그럽게)’.

조금만 머리를 굴리면 누구나 멋진 건배사를 만들어 낼 수 있는 것이다.

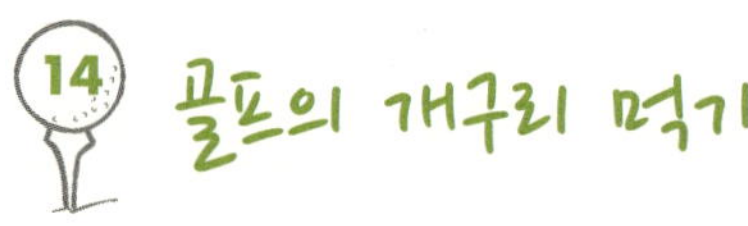

골프의 개구리 먹기

《개구리를 먹어라(EAT THAT FROG)》라는 책이 있다. 시간 관리법으로 잘 알려진 브라이언 트레이시가 쓴 자기계발서다. 이 책에서 '개구리'는 하기 싫은 것, 귀찮은 것, 지금 당장 하지 않으면 계속 미루게 될 것을 뜻한다. 물론 그러면서도 가장 중요한 것이기도 하다. 이런 일부터 해치우고 나면(개구리 먹기) 나머지 것들은 일사천리로 진행될 게 분명하다.

개구리 먹기를 골프로 끌어들여 보자. 골퍼들에게도 하기 싫고, 어렵고, 그러면서도 중요한 일이 있다. 물론 각자 모두 다를 것이다. 어떤 골퍼에게는 골프채 교체가 개구리일 수 있다. 아이언 세트만 바꾸면 당장 3~5타 줄일 수 있을 것 같다고 생각하지만 그게 결코 만만한 일이 아니다. 당장 비용이 문제가 될 수도 있고, 돈이 해결된다고 해도 자신에게 맞는 새 것을 찾는

데 시간과 노력이 필요하다.

골프채 그립 한 번 바꾸기도 쉽지 않은 게 주말골퍼의 현실이다. 나머지는 멀쩡한데 7번 아이언 그립만 닳은 골퍼도 있다. 워낙 7번 아이언을 자주 쓰는 탓이다. 그립이 많이 닳은 골프채로 굿샷을 기대하기 어렵다는 사실을 알면서도 마음을 먹고 그립 바꾸러 가기가 호락호락하지 않다.

아마 근력과 유연성을 늘려야 하는 게 가장 많은 골퍼들에게 닥친 개구리 먹기일 것이다. 나이가 들면서 근력이 떨어지고, 의자에만 앉아 있다 보면 유연성도 점차 나빠진다. 당연히 샷 거리가 줄어들고, 올바른 스윙을 가져갈 수 없다. 피곤한 일과가 끝나고 동료들과 술이라도 한 잔 걸치게 되면 집에 들어가 씻고 잠자기 바쁘다. 아내와 아이들의 잔소리와 원망은 둘째 문제다. 샷 거리도 늘리고 스코어도 좋기 바란다면 당장 개구리 먹기(근력과 유연성 기르기)에 나서야 할 것이다.

연습장에서의 자신의 모습을 한번 떠올려 보라. 평소 실수 자주 하고, 자신 없는 샷을 집중적으로 연습해야 하지만 그게 마음처럼 되지 않는다. 오히려 자신의 장기 샷을 먼저 하게 되는

127

것이 대부분 골퍼들의 습관이다. 남들에게 잘 못하는 샷을 보여주고 싶은 골퍼가 어디 있겠는가. 의기양양하게 잘 하는 샷을 뽐내고 싶어진다.

하지만 힘들고, 어려운 것부터 하는 게 어디 쉬운 일인가? 개구리에 비유한 것만 봐도 쉽게 눈치 챌 수 있을 것이다. 인간에게 개구리는 그다지 친근한 이미지가 아니다. 어릴 적 개구리 뒷다리를 구워 먹어 본 이들도 있겠지만 개구리 뒷다리 운운하는 것은 지금 젊은이들에게는 호랑이 담배 피던 시절 얘기와 크게 다르지 않을 것이다.

물론 《개구리를 먹어라》의 저자는 개구리 뒷다리를 먹는다는 얘기는 상상도 하지 못했을 것이다. 그래서 더 중요하면서도 하기 싫은 일을 개구리 먹기로 비유했을 게 분명하다.

트레이시는 또 '목록을 작성하라', '날마다 미리 계획을 세워라', '결과를 고려하라', '시작하기 전에 철저하게 준비하라', '항상 긴박감을 가져라', '한 번에 처리하라'는 등의 내용을 책 속에 풀고 있다.

가만 짚어 보면 모두 골퍼들에게 절실한 말들이다. 어차피 살아 있는 개구리를 먹어야 할 상황이라면 조금이라도 지체하지 않는 것이 현명하다.

　자, 지금부터 개구리를 먹는 습관을 길러 보자. 눈을 질끈 감더라도, 아니 끔찍하더라도. 싱글 골퍼의 첫 관문은 개구리 먹기부터다.

주말골퍼 울고 웃기는 '멀리건'

이놈 참 이상한 존재다. '신사 스포츠'인 골프를 우습게 만든 장본인. '공정한 게임'을 가끔씩 어이없게 반전시키는 주인공. 누구에게는 웃는 얼굴로, 또 다른 이에게는 심술 가득한 얼굴로 다가오는, 바로 그놈이 '멀리건(샷을 실수했을 때 벌타 없이 한 번 더 치게 하는 것)'이다.

혹자는 골프 역사에서 태어나지 말았어야 할 존재가 멀리건이라고도 한다. 또 다른 이는 골프 재미를 한층 높였다고 보기도 한다. '두 얼굴'을 가진 멀리건은 나름대로 진화하고 발전했다. 멀리건의 가장 황당한 사례? 바로 멀리건을 받은 상대가 버디를 잡았을 때다. 멀리건은 보통 4명 플레이어 중 가장 성적이 나쁜 골퍼가 받는다. 동정심에서 나온 것이 멀리건이기 때문이다.

멀리건을 받은 골퍼가 버디를 잡으면 그 순간 분위기는 썰렁해진다. 내기를 하고 있었다면 두 번째로 많이 잃고 있던 골퍼가 받는 충격은 가히 '메가톤급'이다. 순식간에 가장 많이 잃은 골퍼로 바뀌기 때문이다.

이미 준 것을 어찌 할까? 다만 멀리건을 외친 동료가 원망스러울 따름이다. 멀리건이 또 황당한 것은 (멀리건을) 받고 잘 치는 골퍼가 있는가 하면 반대로 더 나쁜 샷을 하는 골퍼가 정해져 있다는 사실이다. 멀리건을 받았다는 자괴감, 빨리 그 자리를 피하고 싶은 심정. 이 모든 것이 몸을 굳게 하고 샷을 급하게 만든다. 반면 멀리건을 받고 늘 '굿샷'을 날리는 얄미운 골퍼도 있다.

　멀리건은 통상적으로 첫 티샷 실수 때, 아니면 너무 일방적으로 내기에서 잃는 골퍼가 받게 된다. 하지만 이럴 때도 있다. '핸디캡'을 멀리건 횟수로 받을 때다. 하수가 고수에게 돈 대신 멀리건 몇 회를 핸디캡으로 받는 것이다. '핸디캡 멀리건'을 받으면 이상하게도 마음이 안정돼서 티샷 실수가 줄어든다. 그러다 보면 멀리건을 쓸 기회가 없어지고 결국 '퍼팅 멀리건'을 달라는 골퍼도 나온다. 가까운 거리에서 퍼팅을 놓쳤으니 얼마나 안타까울까?

　빌 클린턴 전 미국 대통령은 '멀리건의 대명사'로 통한다. 한 나라의 대통령이 멀리건을 달라고 하니 그 누가 안 주고 배기겠는가. 멀리건을 달라는 골퍼. 어찌 보면 안쓰럽기도 하지 않은가. 그에게 돌을 던질 골퍼 없고, 침을 뱉을 골퍼는 더욱 없다. 누구나 미스샷을 했을 때 멀리건을 받고 싶은 심정이 있기 때문이다.

다만 멀리건을 받은 골퍼는 상대를 배려할 줄도 알아야 한다. 남에게서 혜택을 받았으니 돌려주는 것이 바로 골프의 예의가 아닐까?

마지막으로 세상에서 가장 아름답고 현명하고 시의적절한 '멀리건 이야기' 하나. 젊은 남자가 골프연습장에서 눈이 맞은 연상의 여자와 결혼했다. 첫날 밤 서툰 남자가 첫 단추를 능숙하게 풀 수는 없는 법. 마음 넓은 여자가 외친다.

"멀리건 한 번 줄게요."

16 골프가 싫어질 때

앉아서 하는 것 중 가장 재미있는 것은 마작, 누워서 하는 것 중 가장 재미있는 것은 남녀 사이의 사랑, 그리고 서서 하는 것 중 가장 재미있는 것은 골프라는 우스갯소리가 있다. 골프를 접해보지 못한 사람에게 골프가 얼마나 재미있는 운동인지 이해시키려 하는 일은 '소귀에 경 읽기'와 같은 수준이다. 인터넷 게임에 빠져 있는 젊은이들은 "골프가 무슨 운동이나 되느냐"고 한마디로 무시해 버린다.

이들에게는 이런 말로 대신할 뿐이다. '한 번 골프를 시작해 보라고', '골프에 빠지면 알게 될 것'이라고. 주말골퍼라면 '골프가 너무 재미있다'는 것에 열이면 열 모두 동의할 것이다. 하지만 골프는 늘 재미가 있기만 한 것일까. 골프가 싫어질 때는 없었을까? 아니다. 골프가 정말 싫어질 때도 있다.

‘국보’라는 소리를 들었던 천재 바둑 기사 이창호 9단은 정말 힘겹게 머리를 올린 케이스다. 그가 골프에 쉽게 흥미를 갖지 못하게 된 이유는 바로 ‘똑딱이’ 때문. 연습장에 가면 골프채를 살짝 들었다가 공만 치는, 칩샷과 비슷한 ‘똑딱이’만 시키니 골프에 재미를 붙이기 쉽지 않았을 것이다. 이 똑딱이에 질려 골프를 포기한 예비 골퍼들이 수도 없이 많을지 모른다.

‘10일이면 머리를 올릴 수 있다’는 내용의 책이 날개 돋친 듯이 팔린 이유를 곰곰이 생각해 보라. 첫 라운드를 위해 한국처럼 많은 시간을 투자하고 예의와 격식을 차리는 나라도 없을 것이다.

골프 실력에 따라 골프가 싫어질 때도 달라진다. 공이 조금 맞는다 싶으면 남들에 비해 초라한 자신의 골프채를 볼 때 골프가 싫어지기도 한다. 일반적으로 초보 때 쓰는 골프채는 저렴하게 풀세트로 구입한 것이거나, 누가 쓰던 ‘골동품’을 물려받은 것이 대부분이다. 조금 실력이 늘게 되면 자신의 스코어가 잘 나오지 않는 이유를 골프채 탓으로 돌리게 된다. 주머니 사정이야 어찌됐던 일단 ‘지름신’을 모셔오고 싶어진다. 하지만 월급쟁이에게 그게 어디 쉬운 일인가.

조금 더 공이 맞게 되면 이번에는 샷 거리가 골프를 싫어지게 하는 원인을 제공한다. 이럴 때다. 자신보다 한참 나이가 많은 노(老)골퍼나 여성골퍼가 같은 티에서 공을 더 멀리 보낸 경우 골프가 갑자기 싫어진다. 장타자들 사이에서 거리와 사투를 벌일 때도 결코 골프가 흥미롭지 않다. 장타자라고 자부하지 못하는 골퍼라면 매번 50야드 정도 뒤에서 먼저 두 번째 샷을 하는 기분을 알 것이다.

실력이 꽤 붙게 되면 이번에는 엉망인 쇼트게임이 골프를 하기 싫게 한다. 샷 감은 최고인데 짧은 어프로치가 잘 붙지 않거나 쇼트 퍼트를 연속해서 실패했을 때 고수들은 골프채를 집어 던지고 싶어진다. 더군다나 짧은 거리에 붙여 놓고 이리저리 그린을 측정하고 있는 데 갑자기 누가 그린 밖에서 칩샷으로 버디를 낚았을 때는 하늘이 노랗게 보인다.

누군가 자신의 구력과 실력을 비교할 때도 골프에 입문하게 된 것을 후회하게 된다. "아니 10년 동안 골프를 했다면서 아직 싱글 스코어도 한 번 내 보지 못하셨어요?" 그렇지 않아도 골프 실력이 늘지 않아 속상한데 거기에다 자존심을 확 긁는 말이다.

이미 굳어진 스윙을 흉볼 때도 마음에 상처를 받는다. "스윙은 영 이상한데 공은 똑바로 날아가네요." 상대의 마음을 고려하지 않는 말 한마디가 상대의 기분을 엉망으로 만드는 것을 아는지 모르는 지, 그의 말에는 치명적인 가시가 돋아 있다. 잘 맞은 공이 벙커나 디봇 자국만을 찾아 다닐 때, 벙커에서 아무리 샷을 해도 탈출하지 못했을 때, 짧은 어프로치 샷이 자꾸 생크가 날 때도 골프가 정말 싫어진다.

하지만 무엇보다 여자친구나 아내 앞에서 다른 골퍼에게 일방적으로 돈을 잃을 때 골프가 가장 싫어질 것이다. 이럴 때 눈치껏 돈을 잃어 주는 동료가 있다면 아마 평생 은인으로 삼고 싶을 지도 모르겠다.

골프가 가장 싫어질 때는 남자든 여자든 자존심에 상처를 받았을 때이다.

17 슬로 플레이어 길들이기

1996년 마스터스, '백상어' 그레그 노먼은 최종일 무려 6타차 선두를 달리고 있었다. 그리고 18홀이 지났다. 하지만 우승자는 노먼이 아니었다. 오히려 '스윙머신' 닉 팔도에게 5타나 뒤지면서 '세기의 역전패'의 주인공이 됐다. 골프팬들은 팔도의 우승을 그다지 기뻐하지 않았다. 오히려 노먼을 안쓰러워했다. 당시 골프팬들은 왜 노먼의 편을 들었을까? 노먼 팬들이 많은 이유도 있었을 것이다. 하지만 그것보다는 팔도의 '안티 팬'들이 많았다는 게 더 수긍할 수 있는 이유다.

스윙이 완벽해 '스윙머신'이라는 칭송을 받는 팔도는 당시 대표적인 슬로 플레이어였다. 사실 자타공인 골프황제 타이거 우즈도 슬로 플레이어 중 한명으로 꼽힌다. 샷은 박력 있고 시원할지 모르지만 그 샷을 하기까지 걸리는 시간은 상당히 긴 편

이다. 슬로 플레이어는 골퍼들의 '공공의 적'이다. 동료들은 물론 캐디, 골프장 운영자 누구에게도 환영받지 못한다.

미국골프재단이 매년 미국골프지표를 조사한다. 여러 항목 중 '코스에서 가장 짜증나는 일은?'이라는 설문에 50% 이상이 슬로 플레이를 꼽는다고 한다. 왜 이다지도 '거북이 골퍼'가 환영 받지 못할까? 라운드를 같이 하는 상대 뿐 아니라 경기 도우미, 심지어 뒤에 따라오는 팀까지 피해를 주기 때문이다. 특히 상대 샷의 흐름을 깨 스코어를 나쁘게 한다.

캐디들이 가장 싫어하는 골퍼가 누구인지 아는가? 자기를 무시하는 골퍼? 캐디를 탓하는 골퍼? 아니다. 시간에 쫓기게 하는 슬로 플레이어다. 뒤의 조는 밀고 오지, 경기진행요원은 오토바이를 타고 와서 눈치를 주지, 도대체 정신을 차릴 수 없다.

사실 슬로 플레이어의 유형은 다양하다. 우선 자기 차례가 오기 전에는 아무 것도 준비하지 않는 골퍼다. 동료가 샷을 할 때는 멍하니 쳐다만 보다가 비로소 순서가 돼서야 장갑을 끼고 공과 티를 찾는다. 퍼팅 때는 동료를 더 미치게 한다. 뒤늦게 퍼팅 라인을 살피느라 '이리 갔다 저리 갔다'를 반복한다. 그리고 마지막에 동료들을 더 열 받게 하는 한마디. "캐디 언니, 이거 슬라이스 라인이야, 훅 라인이야?" 미리 물어 보면 밉지나 않지.

'기도하는 사람'도 대표적인 슬로 플레이어 유형이다. 샷 하기 전에 이미 동료들 진을 온통 빼놓고는 어드레스에 들어가서도 무엇을 생각하는지 10초 이상 미동도 하지 않고 서 있다. 연습 스윙이 많은 골퍼도 경기 진행을 더디게 한다. 캐디들이 은어로 '섰다맨'이라 부르는 슬로 플레이어 유형도 있다. 이들은 절대 클럽을 직접 가져가지 않는 부류다. 문제는 누구도 스스로 거북이 골퍼라고 생각하지 않는다는 점이다.

거북이 골퍼와 관련한 유명한 골프 금언이 있다. '슬로 플레이어를 가장 확실하게 고칠 수 있는 방법은 바로 더 느린 슬로 플레이어를 붙여주는 것뿐이다.' 통상적으로 슬로 플레이어의 경기 리듬에 말리면 그날 스코어도 엉망이 된다. 슬로 플레이어에게는 무언의 압박감을 줘야 한다. 한 예로 티샷을 더 멀리 쳐 놓고 뛰는 것이다. 나중에 샷을 해야 할 골퍼가 뛴다면 아무리 슬로 플레이어도 부담을 느끼지 않을 수 없다. 시간적 여유가 있다면 한, 두 홀 정도 슬로 플레이어보다 더 늦게 경기를 진행하는 것도 방법이다. 슬로 플레이어일수록 다른 동료의 늑장 플레이를 참지 못하는 법이니까.

사실 슬로 플레이어를 이기는 가장 효과적인 방법은 상대를 '무시'하는 것이다. "그래, 너는 천천히 쳐라, 나는 하늘이나 쳐다보련다." 이런 마음을 갖는 것이다.

슬로 플레이어와 라운드하다 보면 내 경기 리듬이나 샷 리듬이 빨라지는 경우가 많다. 상대의 슬로 플레이를 내 플레이 시간으로 보충해 줘야 하기 때문이다. '슬로 플레이어'는 되지 말아야 하지만 그렇다고 '패스트 플레이어'도 곤란하다. 모두 내 손해일 뿐이다.

PART
03

:: 골프 에세이 ::

 # 01 어느 짤순이의 간절한 기도

하느님, 짤순이의 서러움을 아시나요? 동료들은 티샷 다음에 두 번째 샷을 가장 먼저 친다고 해서 '세컨드샷 아너(honor)'라고 놀리죠, 캐디는 "사장님은 (티샷 거리가 짧아서) 치셔도 됩니다"며 속을 끓게 하죠, "치마 입으면 레이디 티에서 치게 해 줄게"라고 '구찌' 놓는 동료까지 있습니다. 그래도 그 정도는 참을 수 있습니다. 드라이버샷 거리 좀 난다고 "화이트 티에서 한 번 겨뤄 보고 싶다"는 여자 동료의 도전에는 "부모님, 왜 저를 이렇게 키 작고, 힘 약하게 낳아 주셨나요?" 하고 원망하게 됩니다. 노력하지 않은 대가라고요? 제가 그동안 샷 거리를 늘려 보려고 얼마나 노력했는지 한번 들어 보시겠습니까.

갖다 대기만 해도 20~30야드는 너끈히 더 나간다는 비공인 드라이버 중 제 손 한 번 거치지 않는 게 있다면 손에 장을 지지겠습니다.

하체를 단련하면 장타자가 된다고 해서 '아파트 엘리베이터 보기를 돌같이' 했습니다. 13층을 계단으로 올라가는게 얼마나 힘든지 아십니까? 이건 비밀인데요, 동료들 몰래 드라이버 헤드 페이스에 붙이면 장타가 난다고 하는 '장타 스티커'를 붙여 보기도 했습니다.

거리가 얼마나 늘었냐고요? 한 10야드? 그래도 세컨드샷 오너는 늘 제 몫입니다. 물론 짤순이가 유리한 점도 많습니다. 거리가 짧으니 OB(Out of bounds) 날 일이 별로 없습니다. 골프공 잃어버릴 일도 없으니 '일석이조' 아니겠습니까? 아무리 세

145

게 쳐도 페어웨이 벙커에 빠질 일도 없으니 얼마나 좋습니까? 괜히 티샷할 때 우드를 잡고 쳐야 하는 고민도 없습니다. 세컨드 샷 때 무슨 클럽을 택할지 고민하지 않아서 좋습니다. 몽둥이(우드) 하나 달랑 들고 의기양양(?)하게 페어웨이를 향할 수 있으니 이 또한 좋지 않겠습니까?

어느 날부터 제게 몇 가지 별명이 붙더군요. 첫째가 '남자 김미현'입니다. 아시죠, '땅콩' 애칭을 갖고 있는 김미현 선수. 남들은 아이언으로도 붙이지 못하는 파3 홀에서 우드로 핀에 착착 갖다 붙이는 것을 보고 얼마나 감동을 받았는지 모릅니다. 아, 내게도 희망이 있구나. 그래서 저도 샷 거리 짧은 것을 만회하기 위해 우드샷을 갈고 또 갈았습니다.

'퍼팅만'이라는 별명도 생겼습니다. 아마 이런 뜻일 겁니다. '거리도 짧은 게 퍼팅만 잘한다'는. 제가 가장 좋아하는 골프 속담이 뭔지 아십니까? '드라이버샷은 쇼, 퍼팅은 돈'이라는 것입니다. 누가 생각해 냈는지 정말 명언 중 명언입니다.

'벙커샷은 최경주급'이란 얘기도 듣습니다. 장타자치고 벙커샷 잘하는 주말골퍼 별로 없습니다. 다른 것은 안중에도 없고

'장타가 제일'이라고 생각하거든요. 요즘에는 '장타 본색', '남자는 거리', 이런 광고 카피 모두 주말골퍼를 현혹하려는 것일 따름이라고 애써 외면합니다. 사실 제가 가장 잘하는 것은 '칩인 버디'입니다. 이게 상대를 한 방 먹이는데는 최고입니다. 모두 그린에 올라가 버디 퍼팅한다고 호들갑을 떨 때 그린 밖에서 홀컵으로 쏙 빨려 들어가게 하는 환상적인 칩인버디. 권투로 따지면 '그로키 펀치'나 다름없습니다.

두 눈 동그랗게 뜨고 아연실색한 표정을 짓고 있는 동료들의 얼굴을 보는 그 맛이란. '짜릿하다'는 표현은 이럴 때 쓰는 것일 겁니다. 죄송합니다. 서론이 너무 길었습니다. 쇼트게임 능력 필요 없습니다. '우드샷의 달인', 저는 이런 애칭 별로입니다. 퍼팅만 잘하는 것도 사양하겠습니다. 칩인버디요? 퍼팅으로 버디를 잡는 게 낫습니다.

가끔 300야드 이상 펑펑 날리는 꿈을 꿉니다. 파5홀에서 두 번 만에 그린에 공을 올리고 나서 이글 퍼팅을 하는 꿈도 꿉니다. '짤순이의 설움'을 꿈에서라도 풀어야 하니까요. 한 번만이라도 저를 '짤순이'라 약 올리는 저 친구들보다 멀리 쳐 혼을 내게 도와주세요. 딱 한 번만이라도….

목이 길어서 슬픈 롱아이언이여!

그들도 사랑을 받던 때가 있었다. 바람 부는 날, 마치 크루즈 미사일처럼 강풍을 뚫고 그린에 공을 올렸을 때의 그 짜릿한 쾌감. 그것은 그들만이 줄 수 있었다. 제대로 된 '남자'라면 그들을 잘 다룰 줄 알아야 한다고도 했다. 그러던 어느 날 이름마저 망칙한 '하이브리드'란 놈이 나타나더니 그들을 하나 둘씩 쫓아내기 시작했다. 목이 길어서 슬픈 '롱아이언'은 이제 서서히 골프 역사의 뒤로 사라지는 분위기다.

예전에도 롱아이언을 질시하는 이들이 없었던 것은 아니다. 힘이 없는 골퍼들은 특히 롱아이언을 가까이 하지 않았다. 여성골퍼들도 롱아이언이라면 질색을 했다. 어쩔 수 없이 구색을 맞추느라 아이언세트에 끼여 있는 롱아이언을 골프백에 넣고 다녔지만 그들을 사용할 때가 거의 없었다. 롱아이언 중에서 가장 긴 것은 거의 쓰지 않다 보니 마치 새 골프채인 양 '번쩍번쩍' 빛을 발했다. 하지만 골프백만 무겁게 할 뿐 그들의 신세는 계륵이나 마찬가지였다.

롱아이언에 얽힌 이런 끔찍한 농담도 있다. 골프장에서 아내가 다른 남자와 정답게 골프하는 것을 보고 화가 난 남편이 3번 아이언을 아내에게 휘둘렀다. '그 아내는 어떻게 됐을까?' 가 문제다. 정답은? '아무 일도 없었다'이다. 그 어려운 3번 아이언으로 사람 얼굴인들 맞출 수 있겠냐는 것이 유머의 핵심이다.

이런 유머가 나올 만큼 롱아이언은 사용하기 어렵다. 왜 그럴까? 일단 헤드가 아주 작고, 로프트도 공이 쉽게 뜨지 못하도록 가파르고, 게다가 샤프트는 길어서 공을 맞추기 여간 어려운 게 아니다. 주말골퍼의 스윙 스피드가 느려서 손은 이미 임팩트 지점까지 와 있는 데 헤드는 따라와 주지 못하니 '굿샷'이 나올 리 만무하다. 오죽하면 '자신의 골프백에서 가장 위험한 골프채는 가장 긴 아이언'이라고 했을까.

롱아이언이 가장 존경하는 프로골퍼는 '골프황제'인 타이거 우즈다. '롱아이언의 왕', 1번 아이언을 그토록 멋지게 칠 수 있

149

는 골퍼가 우즈 외에 또 누가 있을까? 바람이 자주 강하게 부는 브리티시오픈에서 우즈 못지않게 화제의 중심에 서는 주인공이 롱아이언이다. 우즈의 롱아이언 스팅어샷은 바람 부는 브리티시오픈에서 천하무적으로 군림하고는 했다.

하지만 요즘 롱아이언은 우즈에게서조차 그리 환영받지 못하는 처지다. 우즈는 "2번 아이언은 20대에, 3번 아이언은 30대에, 그리고 4번 아이언은 40대에 골프백에서 빼겠다"고 말한 적 있다. 실제로 평소 우즈의 골프백에는 1, 2번은 물론 3번 아이언도 찾아보기 힘들다.

반대로 롱아이언이 가장 싫어하는 프로골퍼는 양용은일 것이다. 그들이 가장 사랑했던 우즈를, 그것도 그들이 가장 싫어하는 하이브리드를 갖고 '녹아웃'을 시켰기 때문이다. 우즈가 우승할 것이라 당연히 여겼던 2009년 PGA챔피언십 최종일 18번홀(파4). 양용은은 4번 하이브리드로 친 두 번째 샷을 핀에 붙여 우즈의 메이저 역전불패의 신화를 여지없이 깨버렸다. 아시아 남자골퍼 최초로 메이저대회 타이틀을 차지한 양용은의 골프백 속에는 3, 4번 아이언이 없고 대신 3, 4번 하이브리드 클럽으로 채워져 있다.

롱아이언들은 아마도 이렇게 항변할지 모르겠다. "요즘 드라이버들도 길어지는 추세다. 왜 공은 멀리 치는 것을 원하면서 우리가 긴 것은 싫어 하냐"고.

하지만 롱아이언이 사라지고, 그 자리를 하이브리드로 채워지는 것은 어쩔 수 없는 골프채의 역사이고, 흐름이다. 아예 롱아이언을 하이브리드로 대신한 새로운 개념의 '하이브리드 아이언'이 나오기도 했다. 이제는 골퍼들이나 골프용품업체들이나 비슷한 거리를 날아가면서도 다루기 편하고 스핀까지 잘 먹는 하이브리드가 있는데 굳이 롱아이언을 쓸 필요가 없다고 판단하고 있다.

바람이 불 때면 창고 속에서, 차 트렁크에서 '버려진' 롱아이언들이 울부짖기 시작한다. "주인님, 바람이 불어요. 바람 불 땐 롱아이언이 최고래요. 저희를 사랑해 주세요."

# 03 그라운드의 시인, 최경주 어록

필드의 '탱크' 최경주가 가장 잘하는 것이 무엇이라고 생각하는가? 완도 백사장에서 익혔다는 벙커샷? 빠른 그린을 요리하는 퍼팅 실력? PGA투어 7승에 빛나는 명품 드라이버샷? 아니다. 최경주를 알면 알수록 그가 가장 잘하는 것은 바로 '말'이란 사실을 깨닫게 된다. 어떻게 저렇게 표현을 잘하는지, 골프선수가 아니었다면 말로 먹고 사는 아나운서나 강사가 됐을 것이다. 혹자는 목사가 됐으면 만인의 스승이 됐을 것이라 말하기도 한다. 프로생활을 하면서 한 그의 말을 모으면 한 권의 책으로 만들어도 될 정도다. 책 제목은 '최경주 어록' 정도로 하면 적당하지 않을까 싶다.

15년도 더 된 얘기다. 프로 초년병 시절 그도 준우승 징크스에 시달렸다. 우승을 할듯할듯 하면서도 한 방 터지지 않으니

본인이나 주변에서 얼마나 답답했겠는가. 그래서 누군가 그에게 물었다. 왜 우승이 그리 힘든지? 최경주의 말이 걸작이다. "방귀도 자주 뀌다 보면 똥이 나오지 않습니까? 준우승을 많이 하다 보면 우승하는 날이 반드시 찾아 올 것입니다." 준우승을 방귀에다, 우승을 똥에다 비유했으니 얼마나 투박하고 촌스러운가. 이 황당하고도 당황스러운 최경주의 대답은 두고두고 회자됐다.

하지만 국내외에서 우승 횟수가 늘어나고 인터뷰도 많아지자 최경주는 어느 순간 달변가가 된다. 그의 조어 능력이나 비유 능력은 어느 국어학자 못지않다. 특히 최경주의 말을 빛내는 것은 감칠맛 나는 다양한 '~론'들이다.

먼저 '빈잔론'이다. 2000년 PGA투어에 데뷔한 최경주는 성적이 나빠 다시 퀄리파잉 스쿨을 치러야 했다. 당시 그는 교회에 가서 이런 기도를 했다고 한다. '주님, 제가 타수를 생각하며 치지 말게 하시고, 제 마음을 비우고 치게 해 주십시오.'

이 기도로 퀄리파잉 스쿨에 합격한 최경주는 평생 '빈잔론'을 마음에 두고 살게 된다. 삶을 살아가면서도 그리고 골프를 하면서도 늘 비워야 하고, 그래야 다시 채울 수 있다는 것이다. "골프는 돌아가야 할 때 꼭 돌아가야 합니다. 만약 마음을 비우지 못하면 꼭 직접 겨냥해서 쏘게 됩니다. 그럼 남는 것은 뼈아픈 실패뿐입니다." 얼마나 멋진 표현인가. 그래서 그런지 최경주는 가요 중에서도 '빈잔'을 상당히 좋아 한다.

'계단론'도 있다. "운동선수가 게임이 잘 될 때도 있고 잘 풀리지 않을 때도 있습니다. 계단을 생각해 보십시오. 한 계단 올라갈 때가 있고 한 계단 내려 올 때가 있는 것입니다."

'스프링론'도 있다. "스프링은 늘어났다 '탁' 놓으면 제자리로 돌아옵니다. 내가 기분이 나쁘건 좋건 항상 제자리로 돌아와야 합니다. 나 자신을 낮추면서 말이지요." '잡초론'에는 잡초처럼 커 온 그의 인생과 골프에 대한 성찰이 담겨 있다. "온실에서 자란 식물은 바람이 불면 쓰러집니다. 하지만 거칠게 자란 잡초는 절대 쓰러지는 법이 없습니다."

최경주는 골프선수가 아니라 철학자 같다. 그래서 '골프 철학자'라는 애칭을 붙여 주고 싶어진다. 늘 변화를 강조했던 최경주는 2009년 몸무게를 10kg 정도 뺐다가 지독한 슬럼프를 겪었다. 그래서 왜 그런지, 심정은 어떤지에 대한 인터뷰한 적이 있다. 과연 어떤 대답이 나올 지 상당히 기대(?)를 하면서 미국으로 전화를 했다. 상황이 힘든 만큼 혹시나 그의 마음이 상하지 않도록 에둘러 물었다.

"남들은 조심스럽게 슬럼프라고 하는데, 최 프로님은 스스로 어떻게 생각하나요?" 그러나 그의 말투나 대답은 괜한 걱정을 했다는 생각이 퍼뜩 들게 한다. "오 기자님, 비행기가 계속 하늘에 떠 있을 수 있다고 생각하십니까? 비행기도 정비를 하기 위해서, 기름을 넣기 위해서도 반드시 땅으로 내려 와야 합니다. 저는 지금 10년 가까이 하늘에 떠 있는 비행기였습니다. 이제 잠시 정비를 하기 위해서 내려 왔습니다. 정비를 마치고 이제 다시 하늘로 떠야지요. 내년이 너무 기다려집니다." 이번에는 '비행기론'이 나온 것이다.

2010년 초반 최경주의 세계랭킹은 96위였다. 당시 한 달 후로 닥친 마스터스에 출전하기 위해 순위를 50위로 끌어 올려야 했다. 모두가 불가능할 것이라고 수근댔지만 결국 그는 해냈다. 멈출 줄 모르는 '탱크'처럼. 그리고 마스터스에서 당당히 4위에 올랐다. 세계랭킹도 33위로 올라섰다.

그의 말대로 그는 정비를 마치고 다시 떠오른 '비행기'였다.

04 골프장에서 생긴 일

골프장에서는 이런 일이 꼭 있다. 앞서 티샷한 세 명이 모두 OB(Out of Bounds)를 낸다. 잃은 돈을 복구할 수 있는 절호의 찬스다. 흥분한 마음으로 회심의 샷을 날린다. 그런데 이걸 어쩌나. 내 공도 똑같이 OB 구역으로 날아간다. 이런 경험도 있다. 앞 조 한명이 쪼루를 낸다. 누군가 "저런 골프 실력으로 골프장에 나왔다"며 흉을 본다. 그런데 막상 자기 차례가 와서 샷을 하면 앞 조에서 실수한 골퍼와 똑같이 쪼루를 낸다.

골퍼마다 성격이 다르고, 실력이 천차만별인데도 묘하게 골프장에서는 비슷비슷한 경험을 하게 된다. '오잘공(오늘 제일 잘 친 공)' 다음에 '오못공(오늘 제일 못 친 공)' 나오는 것도 '모두의 경험'이다.

대체 왜 이런 일이 벌어지는 것일까? 물론 여러 원인이 복합

157

적으로 작용한다. 그래도 굳이 가장 큰 이유를 찾으라면 아무리 실력 있는 골퍼라도 골프에서만큼은 '멘탈의 지배'에서 벗어나지 못하기 때문일 것이다.

세 명이 먼저 OB를 낸 경우를 보자. 마지막에 티샷하는 골퍼에게는 두 가지 마음이 공존할 것이다. '적의 불행'은 '나의 행복'이라며 이 기회에 한탕하려는 마음이 그 하나다. 반면 이런 마음도 어느 한 구석에 자리 잡고 있다. 조금은 안쓰럽다는. 두 가지 생각으로 머릿속이 꽉 차 있으면 제대로 스윙을 가져갈 수 없다. '굿샷'보다는 '배드샷'이 나올 확률이 높아진다. 그런데 웃지 못할 사실은 반대로 앞 조 세 명이 너무 잘 쳤을 때도 내 티샷은 굿샷이 아니라 미스샷이 나온다는 것이다.

멘탈의 지배를 받는다는 사실을 극명하게 나타내는 경험도 있다. 파3홀에서 팀이 밀려 앞 조의 사인을 받았을 때다. 첫 티샷의 주인공은 그 전 홀에서 가장 좋은 성적을 낸 골퍼다. 하지만 그렇게 잘 맞던 그 골퍼도 정작 파3홀에서 사인을 받으면 갑자기 터무니없는 샷을 하게 된다. 갤러리에 강한 골퍼는 많지 않은 법이니까.

1번홀 첫 티샷을 하게 될 때도 비슷한 마음이다. 자신의 샷을 지켜보는 이들이 많고 첫 티샷이라는 긴장감 때문에 성공보다는 실패 가능성이 높다. 첫 티샷의 주인공이 된 것을 기뻐하는 경우를 별로 보지 못했을 것이다.

아마 가장 기분 나쁜 공통된 경험은 '굿샷'을 날렸고 분명 동료 모두가 페어웨이에 떨어진 것을 확인했음에도 불구하고 정작 페어웨이에서는 공을 발견하지 못할 때다. 귀신이 곡할 노릇이다. 처음부터 아예 OB가 났을 때보다 기분이 더 나쁘다. 동료들에게서 "찾은 셈치고, 무벌타로 다른 공을 놓고 치라"는 소리가 나오길 간절히 바란다. 물론 그 바람이 이루어지는 경우는 별로 없다.

이뿐이 아니다. 골프장에서 누구에게나 한번쯤 생긴 공통된 경험은 적지 않다. 분명 내 공 같은데 옆 홀에서 온 골퍼가 자기 공이라며 후딱 치고 가버릴 때가 있다. 보나마나 가보면 내 볼은 없다. 옆 홀로 쫓아가서 확인할 수도 없고. 내 샷은 결국 '로스트 볼'이다.

모처럼 버디 퍼팅이라고 이리저리 재고 있는 데 남이 먼저 그린 밖에서 말도 안 되는 칩인버디를 할 때도 있다. 비슷한 미스샷이 나왔을 때 남의 공은 뭔가를 맞고 페어웨이로 가고, 내 공은 뭔가를 맞고 OB나 해저드로 간다. 버디를 한 다음 홀에서 미스샷을 내는 경험도 누구나 갖고 있을 것이다. 흔히 얘기하는 '버디값'이다.

그리고 보면 골프장에서 흔히 생기는 일은 주로 나쁜 기억 투성이다. 사람은 누구나 긍정적인 것보다 부정적인 것을 더 오래 기억한다고 한다. 이른바 머피의 법칙이다. 좋은 것은 강한 인상이 남지 않지만 나쁜 것은 기억에 오래 남기 마련이다. 하지만 잊지 말아야 할 게 있다. 이런 좋지 않은 경험이 하나 둘씩 사라지면서 점차 골프 고수가 된다는 사실이다.

 **05 골프 구계명을 가슴에 새겨라**

골프란 게 참 묘한 운동이다. 불과 18홀을 도는 4~5시간 사이에 인간이 느낄 수 있는 모든 감정 기복을 경험하게 한다. 그래서 그 사람의 됨됨이를 알고 싶으면 한 번 골프를 같이 해보라지 않는가. 인간사의 희노애락이 고스란히 골프에 녹아 있다. 그러다 보니 감정을 드러내지 않고 골프를 치기란 참으로 어렵다.

그래서 골프에 임하기 전에 스스로 다독이는 9가지 계명이 있다. 이른바 '주말골퍼 구계명'이다. 굳이 9가지를 택한 이유는 성경의 십계명 이름을 망령되게 하지 않기 위해서다. 또 아홉 구(九)자가 공 구(球)자와 발음이 같아서다. 골프도 공을 갖고 노는 구기 종목 아닌가.

라운드를 하기 전 마음속에 첫째로 품는 계명은 '미스샷에 화

161

내지 말라'다. 즐거워야 할 골프가 화를 돋게 할 때가 많다. 미
스샷에 화를 내면 골프는 항상 그 대가를 치르게 한다. 더블 보
기, 트리플 보기가 인정사정없이 내 스코어카드를 가득 채운
다. 미스샷에 화낸 대가는 그 뿐이 아니다. 동료들에게 자신의
나쁜 인상을 심어주는 게 가장 치명적이다. 골프는 참을 인자
를 가슴에 새기는 운동이다.

둘째는 '슬로 플레이어를 만나더라도 절대 급해지지 말라'다.
급한 성격의 소유자일수록 슬로 플레이어를 만나면 샷이 망가지게 된다. 앞 팀은 저만치 가 있지, 뒤 팀은 바짝 쫓아 와서 기다리고 있지, 도대체 샷의 리듬을 찾을 수 없다. 슬로 플레이어가 추가로 쓴 시간만큼 내 시간을 줄이려 하게 된다. 차례를 기다리지 못해 먼저 샷을 할 때도 있다. 문제는 그때마다 샷 실수가 나온다는 사실이다. 슬로 플레이어를 혼내 주는 방법은 더 늦은 슬로 플레이어를 붙여 주는 것이라고 하지만 그게 어디 쉬운 일인가. 가급적 피해 다닐 수밖에.

'짧은 거리를 기브(OK) 받지 못했다고 화내지 말라.' 이게 세 번째다. 매치플레이로 치러지는 골프대회에서 선수들은 기브를 심리전의 한 방법으로 이용한다. 기브를 잘 주다가 어떤 홀에서는 더 짧은 거리인데도 기브를 주지 않는 것이다. 그럼 상대는 당혹스러워 가끔 터무니없는 퍼팅 실수를 하기도 한다. 하물며 주말골퍼들이야 오죽 하겠는가.

네 번째는 '장타에 연연하지 말라'다. 대부분 주말골퍼는 장타 앞에 기가 죽기 마련이다. 남보다 한참이나 뒤에서 치는 세컨드샷 상황은 골프에서 가장 자존심을 건드린다. 하지만 장타자는 대부분 정확도가 떨어지게 마련이다. 게다가 퍼팅은 젬병인 장타자가 많다. 그리고 골프는 어차피 14개 클럽을 갖고 하

163

는 운동 아닌가? 장타자가 피칭웨지를 고르면 짤순이는 7번 아이언을 잡으면 그만이다. 파4홀에서 2온 2퍼트나 3온 1퍼트는 모두 파다. 이 상황에서 누구에게 심리적인 동요가 오겠는가.

'남의 골프채를 탐내지 말라'가 다섯 번째다. 골프채를 자주 바꾸는 골퍼치고 골프를 잘치는 것을 본 적이 별로 없다. 남의 떡이 커 보이는 것은 인간의 심리다. 하지만 골프채는 다르다. 내 몸에 맞는 골프채가 최고다.

지금까지는 모두 자신의 골프에 관한 것이었다. 하지만 여섯 번째부터는 상대에 대한 것이다. 여섯번째는 '동반자의 실수를 너무 기뻐하지 말라'다. 솔직히 내기가 동반되는 골프에서는 상대의 아픔이 나의 기쁨이 된다. 하지만 내 실수에 대해 상대가 너무 좋아한다고 생각해 보라. 괜히 그에게 나쁜 감정이 생길 것이다. 상대도 마찬가지다. 역지사지의 마음이 필요한 것이 골프다.

일곱 번째 계명은 '다른 사람의 스윙을 비웃지 말라'다. 주말 골퍼의 스윙은 정말 신비롭다. 도저히 상상도 하지 못할 폼으로 250야드짜리 장타를 내기도 한다. '8자 스윙'으로 유명한 짐 퓨릭은 명함도 내밀지 못한다. 첫 홀에서 이상한 폼으로 스윙하는 골퍼를 얕봤다가는 괜히 그의 전의만 불타게 할 뿐이다.

이제 여덟 번째다. '상대를 가르치려 하지 말라'는 것이다. 남의 엉성한 폼이나 답답한 플레이를 보다 보면 입이 근질거릴 때가 많다. 하지만 필드에서 남을 가르치려 하는 골퍼를 좋아하는 이는 본인 외에 아무도 없다는 사실을 잊지 말라.

마지막을 장식하는 아홉번째 계명은 '(골프 내기를 할 때) 만세를 부르지 말라'는 것이다. 내기를 크게 해서도 안 되겠지만 경기 도중 돈이 없다며 만세를 부른다면 화기애애하던 분위기가 단번에 깨질 것이다. 만세는 파산 선고와 마찬가지다. 특히 잘 모르는 이와 골프할 때 만세는 신용을 잃게 한다.

해외의 한 골프 단체가 골프 8계명을 만든 것을 본 적이 있다. '아놀드 파머의 이름을 헛되이 하지 말라', '스타터와 그린키퍼를 존중하라', '남의 드라이버를 탐내지 말라', '멀리건을 받지 말라', '잘못된 스코어를 보고 참지 말라', '3퍼트를 하지 말라', '슬라이스나 훅을 내지 말라', '토핑이나 뒤땅을 치지 말라' 등.

골프가 매너와 룰을 중시하는 운동이다 보니, 하지 말라는 것이 참 많기도 하다.

06 '놀부판' 골프 3락(樂)

'골프 3락(樂)'이란 게 있다. 배판을 불렀는데 상대가 모두 OB를 낸다. 라운드를 마치고 나니까 비가 억수같이 쏟아진다. 집으로 돌아가는 동안 친구나 선후배가 모는 승용차 뒷자리에서 꾸벅꾸벅 존다. 골프 3락이란 게 찬찬히 살펴보면 모두 상대의 아픔이나 고생을 전제로 한 즐거움이다.

이른바 '놀부판' 골프 3락인 셈. 어디 이뿐이겠는가. 내 차는 쌩쌩 달리고 있는 데 반대 차선이 꽉 막힐 때도 묘한 쾌감이 온몸을 타고 흐른다. 집으로 돌아가는 차가 신호등에 걸렸을 때 잠깐 딴 돈을 세는 맛이란? 어떨 때는 잃은 돈보다 개평을 받은 액수가 더 많을 때도 있다. 내가 실수로(?) 잃은 돈을 속였거나 동료가 딴 돈을 착각했을 때 충분히 있을 수 있는 시나리오다.

동료가 1m도 채 되지 않는 퍼팅을 뺐을 때도 겉으로는 안쓰러운 표정을 짓지만 솔직히 속으로는 쾌재를 부르는 골퍼가 많다는 것에 동의할 것이다. 모두 남의 불행이 내 행복이 되는 그런 골프의 즐거움이다.

굳이 '놀부판'이라는 꼬리표를 붙이지 않더라도 오로지 나만 기쁜 '락(樂)'도 있다. 파3홀에서 혼자 온그린을 시킨 후 퍼터를 들고 유유히 걸어 갈 때 어찌 즐겁지 않겠는가. 가장 멀리 티샷을 날린 기분은 그 무엇과도 바꿀 수 없다. OB 구역으로 날아가던 공이 나무나 도로를 맞고 오히려 거리 이득을 더 본 경우 날아갈듯 기쁘다. 평소 200야드 쯤 날리던 골퍼가 300야드까지 보낼 수 있는 유일한 방법이 바로 공을 카트도로에 태우는 것이다.

핀에 붙기만 바라던 롱퍼팅이 이 고개, 저 고개를 넘다가 홀로 사라질 때의 쾌감도 경험해 보지 않고는 말로 설명하기 곤란하다. 잘못 친 공이 깃대를 맞고 핀에 붙어 OK(컨시드)를 받았을 때는 입가에 미소가 가득해 진다. '나이스 미스샷'이다.

하지만 골프의 즐거움에 '놀부판'만 있는 것이 아니다. '흥부판' 골프 3락도 있다. 마음에 '쏘옥~' 드는 동료와 세상사는 이야기를 나누며 라운드한다. 목욕탕에 몸을 '푸욱~' 담그면 세상의 어려운 일이 절로 사라진다. 여기에다 시원한 맥주 한잔이 목 줄기를 타고 넘어갈 때는 온 세상이 내 것이 된 느낌이다.

지금은 하늘나라에서 골프를 즐기고 있을 고 고우영 화백은 자신의 저서 《맛있는 골프》에서 마음에 쏘~옥 드는 동반자들과 라운드를 한 뒤 샤워하고, 시장기가 느껴질 때 맛깔스런 음식에 술 한 잔을 곁들이고 이어 남의 차 얻어 타고 귀가하는 길에 한잠 때리면 세상에 부러울 게 없다고 했다.

골프에는 보는 즐거움이 있다. 골프에는 운동하는 즐거움이 있다. 골프에는 남을 배려하는 즐거움이 있다. 이뿐이랴. 골프 예약한 후부터 가는 날까지 기다리는 재미, 골프장에서 플레이하는 재미, 그리고 운동 후 뒤풀이 하는 재미를 '골프 3락'이라고 말하는 이도 있다.

골프 라운드를 할 때마다 내 마음 속에 담아 두는 실제 이야기다. 70대 쯤 되는 한 골퍼가 그늘집에서 먼 산을 바라보며 한숨을 푹푹 쉬고 있다. 너무 궁금한 나머지 다른 팀의 한 골퍼가 물었다. "무슨 고민이 있으십니까?" 예상 외의 대답이 돌아온다. "아니, 지금은 너무 좋아서 그렇다네. 하지만 후회가 없는 것은 아닐세. 젊었을 때 돈만 좇아 살았지. 그러다 보니 재산은 많이 쌓였는데, 시간이 너무 없네 그려. 이 좋은 골프를 왜 이렇게 늦게 시작했는지 후회막급일세."

'골프하는 당신이 세상에서 가장 행복한 사람'이라면 부인하겠는가. 지금 당신이 날리고 있는 샷은 바로 당신이 가장 젊은 날의 샷이라는 사실을 잊지 말길.

그런데도 샷이 안 맞는다고 짜증 부리고 싶은가?

# 골프치매에도 '급'이 있다

비거리는 날로 '쑥쑥', 퍼팅 실력은 일취월장, 골프 재미에 푹 빠져 있는 '골사랑' 씨. 어느 월요일 아침, 출근을 하려고 아파트 현관문을 열었더니 누가 턱하니 서 있는 게 아닌가. 놀란 가슴을 쓸어내리며 자세히 살펴보니 이게 웬일인가. 골사랑 씨의 골프백이 문 앞에 서 있는 게 아닌가?

곰곰이 어제 일을 떠올려 보니, 아차! 하마터면 골프백을 통째로 잃어버릴 뻔 했다는 생각에 가슴이 덜컥 내려앉는다. 잠깐 하루 전으로 시간을 돌려 보자. 회사 골프행사가 있었던 일요일. 골사랑 씨는 갈고 닦은 기량을 뽐내며 푸짐한 시상품을 타고는 의기양양하게 집으로 돌아왔다. 골프백, 옷가방이랑 시상품을 낑낑대며 문 앞까지 들고 와 놓고는 가벼운 차례대로 집 안으로 들여 놓는다는 것이 그만 가장 중요한 골프백을 문

밖에 남겨 둔 것이다.

애지중지하는 보물 1호를 밤새 문 밖에서 떨게 했다는 자괴감에 가슴이 먹먹해 오지만 이게 바로 '골프치매'란 것이구나 생각하니 앞으로 단단히 조심해야겠다는 마음이 절로 생긴다. 골프에 몰입하다 보면 누구나 한번쯤 골프치매의 경험을 갖게 된다. 재미있는 사실은 골프치매도 골프 구력에 따라 그리고 기량에 따라 진화 발전해 간다는 것이다.

먼저 초보 때 골프치매다. 방금 지난 홀에서 어떻게 쳤는지 기억 못하는 것은 초보자에게는 너무나 자연스럽다. '산 넘고 물 건너' 그린에 왔는데 몇 타만에 온그린 시켰는지를 기억하라는 것은 잔인하기까지 하다. 그린에서는 방금 마크하고 공을 집었는데 이리저리 그린을 읽다가 마크한 위치를 까먹는 경우도 왕왕 있다. 그리고 초보 시절 골프장 락커 키 한 번 가져오지 않은 골퍼도 없을 것이다. 옷을 잔뜩 넣은 골프가방을 클럽하우스에 놓고 오는 것은 골프치매로써 '양반'에 속한다. 공이나 장갑을 손에 들고서 찾는 것 정도도 애교로 웃어 넘길 수 있다.

골프장 분실물 보관소에는 모자와 골프화가 잔뜩 쌓여 있다.

모두 다 골프치매가 심한 골퍼를 주인으로 둔 것들이다. 주인을 찾아 달라는 그들의 마음을 아는지 모르는지, 주말골퍼들에게는 한 번 잃은 것들을 다시 찾지 않는 이상한 습성마저 있다. 심지어 "집 나간 마누라와 OB 구역으로 간 골프공은 찾지 않는 법"이라는 우스갯소리도 있지 않은가. 그래서 '똑똑한' 골프장들 중에는 모자 놓는 칸 위에 거울을 설치해서 잃어버리지 않도록 아이디어를 낸 곳도 있다.

골프고수가 될 수록 '덩치 큰 것'을 잃어버리는 경우가 잦아진다. "라이벌들을 혼내 주겠다"며 단단히 마음먹고 집 안에서 밤새 퍼팅 연습을 한 다음 날, 퍼터를 그만 집에 놓고 오는 골퍼들이 의외로 많다. 혼내주기는커녕 동료에게 퍼터 빌려 쓰느라 온갖 눈치를 봐야 하는 신세로 전락하는 순간이다.

퍼팅이나 샷을 하고 나서 주변에 누가 서 있기만 하면 골프채를 건네는 골프치매도 있다. 항상 캐디가 골프채를 받아 주다 보니, 그만 동료를 캐디로 착각하는 것이다. 배려심 많은 골퍼라면 "야, 내가 캐디냐"며 면박주지 말고 그것을 조용히 받아서 캐디에게 다시 건네어 주는 아량을 베풀기를. 아예 다른 골프장으로 자동차를 몰고 가는 경우도 있다. 비슷한 이름의 골프장이 너무 많다 보니 나온 웃지 못할 골프치매인 셈이다. 무슨 '파인(소나무)'이 들어간 골프장은 왜 이리 많은지, 밸리, 힐스, 비치 이런 단어가 들어간 골프장도 못지않게 많다.

이보다 심한 '중증' 골프치매를 갖고 있는 골퍼도 있다. 캐디백을 잃어버릴 뻔한 '골사랑' 씨는 어느 날 라운드에서 생애 베스트 스코어를 내고 신이 났다. 흥분한 가슴을 가라앉히면서 차를 몰고 집으로 돌아가고 있는 데, 누군가에게서 전화가 온다.

전화기 화면에 찍힌 이름을 보는 순간, 아차! 그만 카풀해서 골프장에 같이 갔던 동료를 혼자 남겨 놓고 온 것이다.

골퍼 울리는 황당샷

외국의 한 인터넷 사이트가 설문을 통해 골퍼들이 가장 싫어하는 샷 '톱10'을 뽑은 적이 있다. '황당샷'에 대한 설문이다. 10위부터 거꾸로 보자면 공중볼, 토핑, 칩샷 뒤땅, 골프채 리딩에지에 맞은 칩샷(일명 날치기), 악성 훅, 공은 못 맞추고 모래만 치는 벙커샷, 왕 슬라이스, 홀컵 가장자리에 멈춘 쇼트퍼팅, 생크, 에어샷의 순이다.

골퍼들은 공은 맞지 않고 허공만 가르는 '에어샷'을 가장 황당한 샷으로 꼽았다. 하지만 이것은 순전히 샷을 한 골퍼의 입장에서 본 황당한 샷일 뿐이다. 솔직히 골프에서 황당한 상황이란 샷을 하지 않은 동료의 입장에서 본 경우가 더 많을 것이다. 가령, 날치기한 공이 '쌩' 날아가는 것 같더니 정확히 핀에 맞고 바로 옆에 멈춰 서는 상황은 어떤가. 한쪽의 행운은 다른

쪽에서는 '황당' 그 자체다. 에어샷을 한 동료가 연습 스윙한 것이라고 끝까지 우긴다면 이 또한 황당하지 않겠는가.

어디 이뿐인가. '물수제비'를 몇 번 뜬 샷이 '물 건너고 산 넘어' 버디 기회가 됐다면 이는 '황당'의 수준을 넘어 '당황스런' 상황이 된다. 퍼팅한 공이 내리막을 타고 한없이 굴러가더니 그린 밖으로 나가 다시 칩샷을 하게 되는 '그린 OB' 역시 황당샷의 진수다.

다음은 프로골프대회에서 실제로 있었던 황당샷 이야기 두

175

가지. 먼저 515야드 세계 최장타 얘기다. 1974년 US시니어오
픈에 64세로 출전한 마이크 오스틴은 드라이버샷이 515야드
나 날아갔다. 뒷바람이 강하게 불고 있기는 했지만 '무엇'인가
의 도움을 받지 않고는 도저히 날아갈 수 없는 거리다. 문제는
이 홀이 '파4'라는 사실. 450야드 밖에 되지 않는 홀이니 공은
그린을 한참이나 벗어나는 바람에 그린 뒤쪽에서 65야드짜리
어프로치샷을 해야 했다. 결국 2온 3퍼트로 보기.

황당한 퍼팅 얘기도 있다. 10년도 더 된 얘기다. 1998년 88골
프장에서 제41회 KPGA선수권대회가 열리고 있었다. 9번홀
그린은 경사가 심하기로 유명한 곳이다. 햇볕이 강하게 내리쬐
고, 바람이 불면서 그린이 바짝 마르더니 거의 '유리판'으로 변
했다. 5퍼트, 6퍼트가 예사롭게 나왔다. 급기야 9번째 퍼팅으
로도 홀아웃을 성공하지 못한 한 선수가 그냥 공을 집어 들고
'경기 포기'를 선언하기에 이르렀다. 상황이 이쯤 되자 경기 도
중 핀을 옮기는 '더 황당한' 사건이 벌어졌고, 이미 이 홀을 마
친 선수들의 항의로 그날 경기는 취소된 것으로 결정났다.
한 주말골퍼에게서 들은 황당한 샷 얘기다. 솔모로 골프장 체

리코스 3번홀(파4) 그린 앞에는 높이가 3m나 되는 무시무시한 벙커가 있다. 어느 날 벙커샷이 젬병인 동료의 공이 이 벙커로 들어갔다. 한참 시간이 흐른 뒤 공이 벙커 속에서 멋지게 날아오더니 핀에 붙는 게 아닌가. 계면쩍게 웃으면서 벙커 밖으로 나오는 친구의 한마디.

"내 핸드웨지샷(handwedge shot) 어때?"

골프 긴장을 극복하는 최고 방법은?

솔직히 골프는 많은 스트레스를 주는 운동이다. 아니 정확하게 말한다면 골프 내기가 스트레스의 원흉(?)이라고 해야 맞을 것이다. 그리고 스트레스는 주로 긴장 때문에 오는 것이다. 하지만 어쩌랴. 내기 빠진 골프는 너무 밋밋해 골프로서의 흥미를 주지 못하는 걸. 결국 긴장도 골프의 한 요소이고, 이 긴장을 극복하는 방법을 터득하는 것이 스윙 연습 못지 않게 중요하다고 하겠다.

그래서 '골프황제' 타이거 우즈가 다음과 같이 한 말은 충분히 납득할 만하다. "지금까지 여러 번 질식할 정도로 긴장된 순간이 있었다. 그럴 때는 나도 모르게 엉뚱한 샷이 나왔다. 하지만 그 것도 골프의 한 속성으로 이해해야 한다." 우즈의 이런 긍정적인 사고가 그를 오랫동안 골프황제의 자리를 지키게 한 원동력이었을 것이다.

그럼 긴장의 순간이란 어떤 것일까? 첫 홀 티샷은 주말골퍼에게 상당히 부담스러운 순간이다. 물을 넘겨 어프로치샷을 할 때는 어떤가. 배판이거나, 스킨이 쌓일 대로 쌓인 홀에서는 모든 샷이 부담 그 자체다. 라운드 상대 3명이 모두 강자여서 자신을 모두 '호구'로 여길 때도 샷 하나하나에 긴장이 담겨 있다. 프로골퍼들은 짧은 내리막 퍼팅이 상당히 부담스럽다고 한다.

긴장의 순간은 누구나 피하고 싶어 한다. 숨은 가빠지고, 어깨는 왜 그렇게 갑자기 굳어지는지. 다리는 후들후들, 손은 찌릿찌릿. 여기에 머릿속은 텅 비어 있다. 마치 바보가 된 기분이다. 골프채가 천근만근 무거워져 백스윙을 제대로 할 수 없다. 다운스윙은 파리채를 휘두르듯 순식간에 이루어진다.

그렇다고 긴장과의 싸움에서 패할 수는 없는 법이다. 자, 이제 선인들의 긴장을 극복하는 방법을 들어 보자. 여자프로골퍼인 데일 에글링은 '머릿속에서 노래를 부르는 것'으로 긴장을 푼다고 했다. 리듬감 있는 스윙을 가능하게 하고 몸의 긴장도 풀어주는 역할을 해준다는 것이다. 골프 전설 중 한 명인 샘 스

니드도 라운드를 할 때 머리 속으로 노래 부르는 방법을 지지
하는 선수다.

웃음이나 농담도 긴장 극복에 효과가 있다. 긴장할 때 웃으면
엔도르핀이 분비돼 스윙을 부드럽게 가져갈 수 있다는 것이다.
여자골퍼 로리 케인은 보기를 한 후 종종 농담을 던진다. 실수
를 염두에 두었다간 계속 스윙이 망가지기 때문이란다. 존 댈
리도 페어웨이에서 낄낄대고 웃을 수 있을 때 좋은 성적이 나
왔다고 말하고는 했다.

누구나 쉽게 따라 할 수 있는 긴장을 극복하는 방법은 먼 산
이나 하늘을 바라보는 것이다. 머릿속으로 숫자를 세는 습관,
깊게 숨을 들이 마시는 행동도 긴장과 압박감을 이길 수 있는
방법이다. 프리샷 루틴(샷을 하기 전 일련의 행동)은 골프 교습
가들이 권하는 최고의 긴장 극복책이다.

PGA 스타 폴 에이징거는 "루틴을 지키고, 더 천천히 걸으며,
아드레날린을 컨트롤하는 것이 중압감에서 해방되는 길"이라
고 말한 적이 있다. 2009년 PGA챔피언십 최종일 전날 밤, 양용
은은 친구 박경구 프로에게 국제전화를 했다. 아마도 너무 긴

장돼서 누군가에게 위안의 말을 듣고 싶었던 것 같다. 그러면서 이런 말을 했다고 한다. "내가 지더라도 아무 손해 날 것 없다. 하지만 우즈는 이겨봐야 본전 아닌가. 아무 생각 없이 그냥 한 번 붙어 볼란다." 그리고 이런 말도 했다. "우즈와 맞붙기 전날 '내일은 이미 내 생애 최고의 날을 맞았다'고 생각했다. 우즈와 대결하는 것만 해도 이미 내게는 최고의 날이었다. 그래서 막상 우즈와 대결할 때는 아무 것도 거칠 게 없었다. 밑져야 본전 아닌가." 양용은이 PGA 챔피언십 최종일 극도의 긴장감 속에서 우승할 수 있었던 원동력은 바로 '무데뽀' 정신이었다.

다시 한 번 솔직히 말한다면 '아님 말고'식의 무데뽀 정신만큼 긴장을 이길 수 있는 방법도 없을 것이다.

미스샷 한 번 더 했다고 세상이 끝나는 게 아니다.

10 골프장은 유혹의 천국

'골프는 스포츠 중 가장 룰과 매너를 무시하기 쉬운 스포츠다.' 골프 마니아가 들으면 당장에 "무슨 소리냐"며 강력하게 반발할지 모르겠다. 골프는 룰과 매너를 가장 중시하는 스포츠라고 하지 않는가. 하지만 골프를 하다 보면 실제로 수많은 유혹을 받게 된다는 사실 또한 인정하게 된다.

눈 한 번만 '질끈' 감으면 타수를 줄일 수 있는 상황이 자주 찾아온다. 골프장은 사실 '유혹의 천국'인 것이다. 유혹을 가장 많이 받을 때가 잘 맞은 공이 디봇 자국에 들어갔을 때다. 모처럼 환상적으로 날린 드라이버샷이 하필 드넓은 페어웨이 중에서도 그 조그만 디봇 자국으로 찾아갔을 때, 기분 좋을 골퍼 한 명 없다. 원통하고 땅을 치고 싶은 심정이다. 누구를 탓할 것인가. 내 운이 따르지 않았을 뿐인데.

　동료가 보지 않을 때 살짝 옮기고 싶은 마음이 한 번도 들지 않았다면 당신은 '거짓말쟁이'거나 '천사'일 것이다. 황제 타이거 우즈조차 가장 불합리한 골프룰이 디봇 자국에서 구제를 받지 못하는 것이라고 말한 적 있다. 그만큼 억울하다는 얘기다.

　넓은 디봇 자국에 공이 들어 갔을 때는 큰 문제가 되지 않는다. 탈출하기가 그리 어렵지 않다. 하지만 공만 '쏙' 하고 들어갈 정도의 작은 디봇에 빠진다면 프로골퍼도 제대로 쳐내기 힘들다. 디봇 자국이 작을수록 반대로 유혹은 커진다. 물론 디봇 자국에서든, 페어웨이에서든 남이 보지 않을 때면 늘 공을 건드려 샷하는 '터치 맨'들에게야 이정도는 유혹 축에도 끼지 못하겠지만.

'알까기 유혹'은 조금 더 강심장을 가져야 한다. 공을 약간 '터치'한 것 정도야 들키더라도 1타 먹거나 핀잔 한 번 받으면 그만이지만 알까기하다 걸리면 자칫 골프 모임에서 추방당할 수도 있다.

알까기 때문에 홀인원을 날린 에피소드도 있다. 한 유명인 얘기다. 홀이 보이지 않는 블라인드 파3홀에서 티샷을 날렸다. 조금 긴 듯했지만 그래도 정확하게 간 것 같았다. 하지만 그린 위에도, 그린 뒤쪽을 뒤져 봐도 공은 없었다. 너무 억울한 나머지 알까기 유혹을 이기지 못하고 동료들이 보지 않은 사이 그만 주머니에 있던 공을 슬쩍 떨어뜨렸다. 그리고는 칩샷으로 핀에 붙여 파를 기록한다. 그런데 이걸 어쩌나, 공을 집으러 홀에 손을 넣었더니 공이 2개 잡히는 것이 아닌가?

아무도 모르게 2개를 꺼내서 주머니에 넣고 나중에 확인해 봤더니 자신이 처음 티샷한 바로 그 공이다. 공이 사라진 게 아니라 홀인원이 됐던 것이다. 생애 첫 홀인원의 기쁨은 사라지고 알까기한 자괴감에 그 유명인사는 한동안 골프채를 잡지 않았다고 한다. 그 에피소드 역시 몇 년이 지나서야 공개했다.

OB(Out of Bounds) 말뚝에서 약간 벗어난 공도 OB가 아니라고 우기면서 샷하고 싶은 유혹을 뿌리치기 힘들다. OB면 무려 2타 손해 아닌가. 남들이 오기 전에 쳐 버리면 그만이다. 스코어에 도움이 되는 룰 하나. OB인지 아닌지 애매할 때는 실 같은 것으로 OB 말뚝 바깥 지역을 연결해 결정한다. 이때 공이 실에 걸리기만 하면 OB가 아닌 것으로 간주한다.

가장 유혹에서 벗어나기 힘든 순간은 숲속으로 공이 들어갔을 때다. 숲 속에서 일어난 일은 자신과 나무와 공 밖에는 알 지 못한다. 나무가 걸려 샷을 하지 못한다면 살짝 빼내고 싶고, 두 번, 세 번을 쳤더라도 그냥 한 번에 탈출했다고 우기고 싶다.

이런 골퍼를 가끔 봤을 것이다. 분명 나무 맞는 소리가 여러 번 난 것 같은데도 절대 아니라고 오리발 내미는 골퍼. 페어웨이 한번 거치지 않고 숲속을 전전하다 파세이브했다고 우기는 골퍼. 분명 숲 깊은 곳으로 공이 들어간 것 같은데, 별로 깊지 않은 곳, 그것도 나무 사이 너무 좋은 위치에서 공을 찾았다는 골퍼도 있다. 분명 유혹을 이기지 못한 골퍼일 가능성이 높다.

워터해저드에 들어갔을 때 좋은 곳에 놓고 치고 싶은 유혹은 정말 유혹 축에도 끼지 못한다. 골프는 자신과의 싸움이자, 유혹과의 싸움이기도 한 것이다.

기억하라, 모든 유혹을 물리칠 수 있는 골퍼야 말로 진짜 신사 골퍼다.

PART 04

Golf Column

:: 골프에 미치다 ::

# 01 메이저 챔피언과 내기를 하다

"형님, 심심한데 저도 끼워 주세요." 메이저대회 챔피언과 주말골퍼가 내기를 하면 어떤 일이 벌어질까? 내기가 제대로 이뤄지기나 할까? 그런데 이런 터무니없는 사건(?)이 몇 해 전 실제로 일어났다. 고향(제주) 선후배 사이로 친하게 지내던 양용은 선수와 우연찮게 성남 남서울CC에서 골프를 함께 할 기회가 있었다. 2009년 PGA챔피언십에서 우승하기 전 얘기다.

다른 동반자들과 내기를 하고 있었는데 절반(9홀)이 끝나자 자기도 끼워 달라고 제안한 것이다. 처음 9홀 동안은 심판을 봐 주겠다던 게 마음이 바뀐 모양이다. 언더파를 치는 선수가 80대에서 90대 타수를 치는 주말골퍼들의 라운드를 보는 게 심심하기도 하겠다 싶었다.

호기심이 발동하기는 했지만 일단 "무슨 말도 안 되는 소리

를 하느냐"며 한 걸음 물러섰다. 그런데도 자신은 웨지 하나만 갖고 티샷과 퍼팅까지 하겠다며 조르고 나선다.

'(클럽 개수) 14대 1이라….' 머리 회전을 빨리 했다. '아무리 웨지 샷을 잘한다 해도 티샷이 140야드 내외 밖에 나가지 않을 테고, 남서울CC 그린이 까다로워 웨지로는 퍼팅도 잘하지 못할 텐데….' 티샷이 페어웨이 벙커에라도 빠지면 그 홀은 확실히 이길 수 있을 것이라고 생각했다. 그래서 비록 당시 90대 초반을 치는 실력이었지만 무조건 나의 승리라고 판단했다.

하지만 상상이 깨지는 데는 불과 몇 초도 걸리지 않았다. 첫 티 샷부터 나의 야심 찬 포부(?)는 여지없이 무너졌다. 공을 티 위로 낮게 올리더니 골프채 날(리딩에지) 부분으로 힘껏 날리는 게 아닌가? 거의 장작을 패는 것 같은 스윙이다. 저러다가 몸이 망가지는 것 아닐까 걱정이 될 정도다. 하지만 낮게 깔린 공은 140야드 쯤 날아가더니 한참이나 굴러간다. 주말골퍼들끼리 흔히 하는 말로 '시동 끄고' 50야드 굴러간 것 같다. 날아간 거리(캐리)와 굴러간 거리(런)를 합하니 족히 190야드를 보낸 것 같았다.

예상치 못한 가공스러운(?) '웨지 티샷'에 기가 팍 죽는다. 게다가 한 번도 페어웨이를 벗어나는 법이 없다. 파4홀에서 2온을 시키지 못하지만 대부분 두 번째 샷으로 그린 근처 50야드 이내로 보낸다. 그리고 붙이면 파, 아니면 보기다. 파5홀도 대부분 네 번째 샷 만에 공을 그린에 올린다. 파3홀에서도 그냥 편안하게 2온 작전으로 나간다. 웨지 날 퍼팅을 어쩌면 그리도 잘하는지. 정말 감탄이 절로 나온다.

거꾸로 '바보 같은' 주말골퍼는 이미 첫 홀부터 멘탈에서 지고 들어간다. 레귤러 온을 시키지 못하면 그 홀은 그대로 패배로 이어진다. 90대를 치는 골퍼가 9홀 동안 몇 번이나 레귤러 온을 시키겠는가. 주말골퍼의 실력이 아무리 좋다고 해도 세 번째 샷으로 같이 핀을 노렸을 때 결과는 프로골퍼의 승리다.

홀이 지날수록 타수 차이는 점점 벌어진다. 조바심이 난 주말 골퍼의 샷은 더욱 엉망으로 무너진다. 어떤 홀에서는 진짜 주 말골퍼처럼 '양파(더블파)'가 나온다. 더블보기나 트리플보기 는 다반사다. 결국 9홀에서만 50타를 훌쩍 넘어 버린다.

웨지 하나만으로 '골프쇼'를 펼친 미래의 PGA 챔피언은 기 억이 잘 나지는 않지만 41타 내외를 쳤던 것 같다. 프로는 프로 다. 은근히 관대한 처분(?)을 바라는 주말골퍼의 마음을 아는 지 모르는지 개평은 없다.

그러면서 하는 한마디. "고맙습니다, 형님. 캐디피는 딴 돈으 로 낼게요." 주말골퍼의 쓰라린 마음을 더 아프게 하는 한마디 를 더 붙인다. "전에도 이런 내기 가끔 해 봤어요. 전에는 40타 를 잘 안 넘겼는데…."

그때는 몰랐다. 남서울 골프장에서 불쌍한 주말골퍼를 혼냈 던 그 '환상의 웨지샷'이 몇 년 후 '골프황제' 타이거 우즈를 꺾 을 비장의 무기였다는 사실을.

'골프 귀신'들의 12시간 38분

"부디 살아서 돌아오라." 직장 동료들은 물론 집사람으로부터도 얼마나 이 말을 많이 들었던가. 그래서인지 하루에 75홀을 도는 세계 기네스 '철인골프대회'를 앞두고 기대보다는 두려움이 앞선다. 마흔이 넘은 나이지만 마음은 늘 청춘이라고 생각했는데 이젠 정말 체력이 받쳐줄 지, 혹시 낙오라도 하면 개망신 당할 텐데, 설마하니 쓰러지는 불상사는 없겠지….

몇 해 전 봄이 지나가고 여름이 세력을 키우려고 하는 6월 말, 전북 군산CC에서 열린 세계 기네스 도전 '75홀 철인골프대회'는 오만가지 상상 속에 시작됐다.

사실 75홀 라운드는 '체력'보다는 '시간'과의 싸움이다. 새벽이 간신히 어둠을 밀어낼 즈음 몇 발의 폭죽이 터졌다. 각 홀에 팀들이 배치돼 경기(샷건)를 하기 때문에 동시에 출발하라는 신호다. 시계를 보니 정확히 오전 5시 10분. 첫 티샷이 여명을 뚫고 날아간다. 두 번째 샷을 한 뒤 그린에 올라갔더니 경기 도우미들이 이미 공을 닦고 라인을 맞춰 놓아 둔 상태다. 경기를 신속히 진행하기 위한 조치란다. 담당 캐디는 이번 대회는 하루에 최다 인원이 최다 홀 라운드에 도전하는 것이기 때문에 성적은 큰 의미가 없다며 진행에 보조를 맞춰줄 것을 신신당부한다.

홀 주변에는 '기브(일명 OK) 원'도 그려져 있다. 이 원 안에 들어가면 '기브'를 준다. 퍼터로 재어 봤더니 '그립을 뺀 퍼터 길이'다. 대회에 참가한 372명의 골퍼 모두가 하루 안에 75홀을 모두 마치기 위해서는 '시간과의 전쟁'을 벌여야 한다. 그야말로 '초스피드 골프'다.

앞 조는 완전히 '유령조'다. 그린에만 올라가면 퍼팅을 하는지 마는지 총알같이 사라진다. 허둥지둥 앞을 따르다 보면 퍼팅 라인을 읽을 시간도 없다. 골프채를 들고 뛰어야 할 때도 있다. "뒤의 팀이 쫓아오지도 못하는데 좀 천천히 하면 안 되겠느냐"고 볼멘소리를 했더니 캐디는 뒤는 생각 말고 앞 조만 따라

가란다. 그래야 모두가 성공할 수 있다고.

점심을 먹을 시간도 따로 없다. 그늘집마다 마련된 김밥과 오이, 바나나를 가져와 카트로 이동하면서 끼니를 때워야 한다. 마라톤이나 다름없다. 첫 9홀을 도는 데 1시간 30분이 조금 더 걸렸다. 경기 도우미(캐디)가 조금만 더 빨리 하자고 독려한다. 햇볕이 내리쬐지 않는 선선한 오전에 최대한 많은 홀을 돌아야 후텁지근한 오후 땡볕 아래에서 여유 있게 라운드할 수 있단다.

36홀을 끝내고 나니 시계가 오전 11시 좀 넘은 곳을 가리키고 있다. 36홀을 도는 데 6시간이 조금 덜 걸린 셈이다. 다리가 후들거리기 시작하고 스윙이 힘겨워질 무렵 '천사홀'을 만났다. 48번째 홀이다. 챔피언 티에서 그린까지 무려 1004m에 달해 '천사홀'로 불리는 정읍코스 3번홀(파7). 물론 군산CC에서 가장 어려운 홀이다. 화이트 티 기준으로도 933m에 이른다. 하지만 캐디들은 이 홀이 아주 편하다고 한다. 골퍼에게 '잘 치는' 우드 하나 쥐어주면 카트만 몰고 다니면 되기 때문이다.

정말 원 없이 우드를 휘둘러 봤다. 48번째 홀에서 만난 '천사홀'은 금방 '악마홀'로 변한다. 아무리 쳐도 그린이 나타나지 않는다. 드라이버를 포함해 우드를 6차례나 치고 나서야 80m 정도 남는다. 너무 우드샷만 해서 감이 떨어진 걸까? 이번에는 웨지샷이 생크가 난다. 그린에서 두 번 퍼팅으로 마무리하고 나니 스코어카드에 '3'이란 숫자가 적힌다. 성적보다는 그저 이 홀을 끝냈다는 사실에 감사하며 다음 홀로 향한다.

어느 순간부터 샷이 좌우로 휘기 시작한다. 몸이 골프채를 휘두르는 건지, 골프채가 내 몸을 휘두르는 건지 알 수 없다. 발바닥과 손바닥도 아파온다. 땀이 찬 다리 사이 마찰 때문에 걸을 때마다 통증이 살짝 온다. 어기적거리며 걷는 모습을 봤더라면 누구라도 웃음보를 터뜨렸을 것이다.

샷 거리도 눈에 띄게 줄어든다. 한 동료는 드라이버가 천근만근 무겁다며 3번 우드로 티샷하기 시작한다. 클럽하우스를 지날 때마다 캐디 몇 명이 뛰어 나오며 물, 오이, 김밥, 냉커피를 건네며 '파이팅'을 외친다. 마치 마라톤 주자가 된 느낌이다. 그렇게 시간과 체력과의 싸움을 하는 사이, 어느 순간 신기하게도 힘든 게 사라진다. 아마도 54번째 홀이 아니었나 싶다. 아, 이게 '세컨드 윈드(고통으로 운동을 중지하고 싶은 '사점'을 지난 후 고통이 줄어들고 운동을 계속하고 싶은 의욕이 생기는 상태)'라는 것인가?

한 홀 한 홀 줄어들 때마다 카운트다운에 들어간다. 18홀, 17홀, 16홀 … 5홀, 4홀, 3홀…. 아! 마침내 75번째 홀. 팀 동료가 모두 퍼팅을 마무리하고 나자 시계는 정확히 오후 5시 48분이다. 75홀을 12시간 38분 만에 주파한 것이다. 그런데 마지막에 드는 감정은 왜 이럴까? 이래서 골프에 미쳤다고 하는 것일까? 시작할 때의 두려움은 어느덧 사라지고 짜릿한 성취감과 함께 묘한 아쉬움이 밀려온다.

 03 더블 싱글을 아시나요

"싱글이세요?" 난감한 질문이다. 도대체 골프 싱글을 물어 보는 것인지, 아니면 아직 결혼하지 않은 싱글을 물어 보는 것인지? 이 두 싱글은 전혀 다른 의미이지 않은가. 무엇보다 하나는 벗어나고 싶고, 다른 하나는 들어가고 싶은 게 가장 큰 차이점일 것이다. "예"라고 자랑스럽게 대답했다면 '저 골프 싱글(싱글 핸디 캐퍼가 올바른 표현이다)이에요'란 의미일 게 분명하다.

'골프 싱글.' 장타와 더불어 주말골퍼들의 영원한 꿈이자 염원이다. 우리의 소원은 통일이고 주말골퍼의 소원은 싱글이라면 너무 극단적인 비유일까? 첫 싱글의 기쁨은 무엇으로도 표현하기 힘들다. 골프에 입문한지 15년 만에 첫 싱글 스코어를 낸 한 골퍼 얘기다. 쳤다하면 '핀발'이요, 빗맞은 샷도 홀 옆에

착착 붙던 어느 날. 마지막 파 4홀에서 더블보기만 해도 싱글 스코어를 낼 수 있는 상황을 맞았다.

그런데 어드레스한 이 골퍼의 손 좀 보소. '덜덜' 떨고 있는 게 멀리서도 보이지 않는가? 그러더니 거북이 마냥 천천히 움직이던 드라이버가 백스윙 톱에 제대로 올라가기도 전에 토끼처럼 껑충 뛰면서 내려온다. 왼쪽으로 확 감아 채더니 악성 훅이다. 그나마 왼쪽에 언덕이 있어서 OB나 나지 않은 게 천만다행이다. 두 번째 샷도 일명 '쪼루'다. 천신만고 끝에 4온. 첫 퍼팅이 1m나 짧았지만 남은 퍼팅을 홀에 억지로(?) '구겨 넣어' 사상 첫 싱글 스코어를 낸다. 순간 얼마나 긴장하고 기뻤던 지 그린에 털썩 주저앉는 게 아닌가. 그 골퍼에게 싱글 스코어는 그렇게 살 떨리게 왔다.

하지만 골프 싱글도 결혼하지 않은 싱글처럼 벗어나고 싶은 '늪' 같은 존재가 될 수도 있다는 사실을 아는지? 첫 홀 올보기 로 한 두타 벌고, 라운드 도중 멀리건 몇 번 받고, 마지막 홀도 기분 좋게(?) 2m짜리 OK까지 받고 싱글 스코어를 냈다면 더 깊은 늪이 기다린다. 거품이 잔뜩 낀 싱글 스코어는 결코 훈장 이 아니다.

자주 싱글 스코어를 낼 수 있다면 무슨 문제이겠는가. 그러나 마음과 달리 주말골퍼의 싱글 스코어가 어디 그런가. 몇 년에 한 번, 그것도 가뭄에 콩 나듯, 아니 첫 싱글 스코어를 기록하고 아직도 그 성적을 다시 내지 못하는 주말골퍼가 부지기수다.

늘 자랑스럽게 여겨지던 '훈장'이 어느 순간 숨기고 싶은 '꼬 리표'로 전락한다. 내기가 붙을 때면 "요즘 영 샷이 맞지 않아 서 말이지"하며 살짝 꼬리를 내린다. "다시 싱글 스코어 못 낸지 몇 년이 됐다”고 하소연도 해 보지만 들어줄 친구 하나 없다. “컨디션이 엉망”이라고 울어도 “왜 이래 한 번 싱글은 영원한 싱글이지” 이런 대답만 돌아온다.

돈으로 때우는 것도 한두 번이지. 동네북이 된 싱글, 상처뿐인 싱글이다. 이런 골퍼가 가장 먼저 골프를 그만둘 가능성이 높다고 한다. 툭하면 ‘백돌이’가 되는 ‘싱글 골퍼’, 어디 동네 창피해서 골프가 흥이 나겠는가.

물론 ‘물’ 싱글이 있는 반면 ‘짠’ 싱글도 있다. 이들은 진짜 싱글이다. 세 번에 한 번은 싱글 스코어를 내는 진짜 아마 고수들이다. 만약 ‘물’ 싱글과 ‘짠’ 싱글이 제대로 붙었다면? 대형 참사가 벌어질 게 분명하다. 한 번 싱글은 영원한 싱글이지만, 싱글이라고 모두 같은 싱글이 아니다.

최악의 싱글이 무엇인지 아는가? 바로 골프 싱글이면서 ‘(이혼해서) 돌아온’ 싱글이다. 얼마나 골프에 미쳤으면 이혼까지 당하고 ‘더블’ 싱글이 됐을까? 골프 싱글은 반갑지만, 외로운 싱글은 사양이다.

 **04 캐디들만의 독특한 골프대회**

진상골퍼 중 최악은 아마도 모든 잘못을 '캐디 탓'으로 돌리는 골퍼일 것이다. 온그린 되지 않으면 (캐디가) 거리 잘못 불러준 탓이고, 퍼팅에 실패하면 역시 (캐디가) 라인 잘못 봐준 탓이다. '무심코 던진 돌에 개구리는 맞아 죽는다'고 했다. 진상골퍼들이 아무렇게나 내뱉은 말은 캐디들의 마음에 큰 상처를 입힌다.

캐디들의 골프대회를 본 적이 있다. 그들의 골프에는 진상골퍼들에게 당한 속상함이 그대로 담겨 있었다. 일단 캐디들의 골프는 무척 빠르다. 빨라도 너무 빠르다. '총알 골프'라는 표현이 어울릴 정도다. 그동안 주말골퍼들의 늑장 플레이에 당한 속상함이 제대로 반영된 것이라는 생각은 나 혼자만의 생각일까.

티잉 그라운드에서 그린까지 모든 샷을 순식간에 끝낸다. '스피드 골프대회'를 보는 착각이 들 정도. 연습 스윙이라고는 거의 없다. 티샷뿐만이 아니라 칩샷을 할 때도 어드레스 후 곧바로 샷에 들어간다.

그뿐만이 아니다. 심지어 걸으면서 퍼팅하는 희한한 광경도 볼 수 있다. 그들의 '총알 골프'는 그린에서 진가를 발휘한다. 공을 놓자마자 그대로 퍼팅 스트로크에 들어가고 공과 함께 이동한다. 또 공이 멈추면 다시 라인을 맞추지도 않고 곧바로 다음 퍼팅을 한다. '걸으면서 퍼팅한다'는 표현은 너무 적절하다.

그린을 읽는 데도 도사다. 그린에 올라가기 전에 이미 전체적인 그린의 지형을 파악하고 퍼팅 라인도 벌써 읽은 상태다. 그린에서 빨리 벗어날 수 있는 이유도 바로 그린을 잘 읽기 때문이다. 일반 골퍼가 18홀 도는데 4시간 정도 걸린다면 캐디들은 3시간이면 족해 보인다.

공은 웬만하면 잃어버리지 않는다. 세상에 캐디같은 주말골퍼만 있다면 골프공 생산업자들이 골치 아플 것이라는 생각마저 든다. 티잉 그라운드에서 샷이 조금만 빗나가도 뛴다. 공을 끝까지 지켜보기 위해서다. 손님들이 미스샷 날린 공을 찾아주기 위해 몸에 밴 버릇이다.

남자골퍼들의 스윙을 주로 보기 때문인지 스윙도 남자같다. 거리가 나지 않고 폼만 우아한 전형적인 여성골퍼의 스윙이 아니다. 투박하지만 힘이 넘친다. 거리도 제법 나간다.

물론 미스샷이 많을 수밖에 없다. 또 초스피드 골프를 하다 보니 실력에 비해 성적도 나쁠 수밖에. 그렇다고 미스샷에 짜증을 내는 법이 없다. 캐디골프대회에도 보조를 할 캐디들이 따라 다니지만 그들이 할 일은 없다. 대회에 나온 캐디들이 선수 뿐 아니라 캐디 역까지 모두 해버리기 때문이다. 캐디들의 손에는 늘 2~3개의 골프채가 들려있다. 다시 골프채를 가지러 가지 않기 위해 항상 넉넉히 골프채를 갖고 다닌다. 그들은 또 '룰 박사'다. 가끔 주말골퍼들의 룰 문제도 해결해 줘야 하기 때문에 골프규칙에 해박하다. '룰'에 살고 '룰'에 죽는다.

캐디들의 골프대회를 취재하는 김에 캐디들이 공통적으로 싫어하는 주말골퍼의 유형을 물어 봤다. 첫 번째는 꼼짝 않고 멀리서 클럽을 가져오라고 다그치는 '섰다맨'이란다. 두 번째로는 애인을 데리고 와 동반자는 물론 캐디가 옆에 있는데도 불구하고 애정행각(?)을 벌이는 '피아노맨'이다. 캐디들은 몇 홀만 치면 함께 온 여성이나 남성이 애인인지 배우자인지 직감 적으로 알아차린다고 한다. 보통 동반자가 애인인 경우 멀리건 도 잘 주고 숲속까지 쫓아가서 공도 잘 찾아주는 배려를 하지 만 배우자라면 "그냥 OB 티 가서 치자"며 가버리는 경우가 흔 하다는 것이다.

아마 이런 골퍼들 때문에 캐디 골프대회가 독특할 수밖에 없 을 것이다. 매너 나쁜 골퍼들에게 캐디 골프대회를 한 번 보라 고 권하고 싶다. 누구라도 미안한 감정이 들 것이다. 그만큼 그 들의 골프는 특별하다.

 골프에 미치는 7가지 이유

외국에는 '바람난 남자에게는 골프채를 사주라'는 농담이 있다. 골프에 미치다 보면 여자는 잊게 된다는 것이다. '가을 전어 굽는 냄새에 집나간 며느리가 다시 온다'는 우리 옛말과 비슷한 얘기다.

골프는 그만큼 중독성이 강하다. 그래서 '골프광'이라는 말도 있지 않은가. 야구광, 축구광, 농구광, 당구광…. 아무리 다른 스포츠에 '미칠 광(狂)'자를 붙여 봐도 '골프광'처럼 어울리는 게 없다. 서양의 한 대기업 회장이 임원들에게 "내가 죽으면 자네들끼리만 모여서 골프를 칠 생각을 하니 도저히 죽을 수가 없네"라고 했던 일화도 있다.

대체 왜 이렇게 골프에 미치게 되는 걸까? "너무 재밌다"는 이유 하나만으로는 모든 게 설명 되지 않는다. 골프에 미치는 이유 속으로 들어가 보자.

골프에 미치게 하는 첫 번째 이유는 '될 듯 될 듯 하다가 결국은 되지 않는다'는 것이다. 한번 잘 맞았다가도 언제 그랬냐는 듯 다시 옛날로 돌아가는 게 골프다. 얼마나 어려웠으면 아내에게 운전과 골프만은 직접 가르치지 말라고 했을까. 자신도 안 되는 것을 아내에게 가르치려고 해봤자 속만 터질 뿐이다. 만일 누구에게나 쉬웠다면 아무도 골프에 미치지 않았을 것이다.

둘째는 온갖 종류의 내기를 접목시킬 수 있다는 것이다. 스트로크, 스킨스, 라스베이거스는 가장 기본적인 내기 형태다. 상황에 따라서 실력에 따라서 다양한 내기를 할 수 있는 게 골프다. 버디값은 또 어떤가. 니어리스트와 롱기스트도 골프의 재미를 더한다. 요즘에는 라스베이거스를 변형시킨 신 라스베이거스, 흔히 '뽑기'라고 하는 내기가 대유행이다. 내기 없는 골프는 '앙꼬(팥소) 없는 찐빵'이나 다름없다.

셋째, 골프에는 체급이 없다. 드라이버샷 거리 200야드를 치는 골퍼가 300야드를 치는 골퍼를 이길 수 있는 유일한 스포츠가 골프가 아닐까 싶다. 체격 좋은 골퍼가 매번 체격 작은 골퍼를 이긴다고 하자. 체격 작은 골퍼는 금방 골프에 취미를 잃을 것이다. 하지만 골프는 라이트플라이급이 슈퍼헤비급과 맞붙어 이길 수 있는 스포츠인 것이다.

넷째, 구찌, 농담, 핑계 등 골프에는 다양한 이야기가 있다. 한번에 4시간 이상 걸리는 라운드 시간 동안 스윙만 하는 게 아니다. 서로 농담도 주고받고, 구찌도 해가면서 웃음꽃이 피는 스포츠가 골프다.

남자들끼리 앉아서 하나의 주제로 몇 시간이나 떠들 수 있는 애깃거리는 골프밖에 없다고 하지 않는가? 여자 애기나, 심지어 군대 애기도 골프를 따라 올 수 없다. 골프의 핑계는 또 얼마나 다양하고 재미있나? 우스갯소리다. 골프 핑계 중 가장 많이 쓰이는 게 무엇인지 아는지. 답은 "왜 오늘따라 안 맞지?"란다.

다섯째, 라운드를 하면 할수록 커지는 '도전 욕구'다. 200야드를 날리는 골퍼는 210야드를 보내고 싶고, 240야드를 보내는 장타자는 또 250야드를 날리고 싶어지는 게 골프다. 타수도 마찬가지다. 자신의 최저타를 한 타 한 타 줄여 나가는 묘미는 골프에 '푹' 빠져들게 한다. 골프를 하면 할수록 완벽해지고 싶고 상대를 이기고 싶어진다.

여섯 번째는 특권 의식이다. 솔직히 드러내고 싶지 않은 골프에 미치게 하는 요소다. 골프를 하려면 경제력, 시간, 동료까지 3박자가 모두 맞아야 한다. 대중화가 상당히 진전되기는 했지만 아무나 할 수 있는 스포츠는 아니다. 모든 사람이 골프를 한다는 것, 그 자체만으로도 사회적·경제적으로 인정을 받을 수 있는 위치에 있다고 생각한다. 골프는 성공한 사람을 가리는 척도가 되기도 한다.

일곱 번째, 대인관계의 중요한 매개체다. 다양한 인간관계를 맺기 위해서 골프만한 것이 없다. 상사와 친해지고 싶다면 골프를 배우라고 하지 않는가. 골프 접대가 많이 이루어지는 것도 이런 골프의 특성과 다르지 않다.

몇 년 전 군산CC에서 열린 하루 75홀 기네스북 도전기에 참가한 적이 있다. 그 것을 기사화했더니 인터넷에 댓글이 붙었다. 기자 생활 처음으로 붙은 댓글이다. 너무 궁금한 나머지 두근두근대는 마음을 다스리면서 클릭했다. 내가 무엇을 기대했던 거지? 갑자기 회한이 물밀듯 밀려온다. 내 눈을 가득 채운

세 글자는 바로 '미*친*놈*'이었다. 충격이 가시는 데 무려 일주일이 걸렸다. 하지만 그 댓글은 어느 순간 새로운 의미로 다가 온다.

"그렇지, 이제야 나도 제대로 '골프광' 대접을 받는구나." 그때, 이런 반박 댓글을 달아주지 못한 것이 아쉽다.

그래, 난 골프광이다. 어쩔래?!

06 골프고수 식별법

'주말골퍼'의 뜻이 무엇인가? 주말에만 골프를 하기 때문에 붙여진 아마추어 골퍼의 다른 이름이다. '진짜' 주말골퍼라면 아무리 타고난 운동 신경을 갖고 있다 하더라도 보기플레이 수준을 쉽사리 벗어나지 못한다. 골프는 노력과 시간을 투자하지 않고 실력 향상을 바랄 수 있는 그런 운동이 아니다. 그게 골프의 묘미이기도 하다. 누구나 쉽게 스코어를 낼 수 있는 운동이었다면 골프에 미치는 마니아가 나오지 않았을 것이다.

하지만 실제 '골프 무림'이 어디 그런가. 곳곳에 무시무시한 골프고수들이 발톱을 드러내지 않고 숨어 있는 곳이다. 조금만 방심하면 자신도 모르는 사이에 눈 뜨고도 코 베일 수 있는 곳이 골프 무림인 것이다. 골프 무림에서는 아무에게나 장타 자랑, 스코어 자랑하지 말라고 했다. 핸디캡 자랑 역시 마찬가지

다. 골프 무림에서는 하지 말아야 할 것이 꽤 있다. 상대의 스윙 폼이 이상하다고 절대 무시하지 마라. 그 스윙 폼으로 가볍게 싱글 스코어를 낸다. 샷 거리 짧다고 방심하는 것도 금물이다. 쇼트 게임의 고수일 가능성이 높다. 코 베이고 싶지 않다면 골프고수를 식별할 줄 알아야 한다.

가장 간단한 골프고수 식별법은 악수를 해 보는 것이다. 손바닥에 굳은살이 많고 거칠다고 느껴진다면 마음속에 경계경보를 울려야 한다. 연습장에서 살다시피 하는 골프고수임에 틀림

없다. 거기에다 손아귀 힘마저 세다면 근력 훈련까지 한 고수 중의 고수다.

최경주와 악수를 해 본 적이 꽤 있다. 그때마다 웬 힘이 이렇게 장사인지 놀라곤 한다. 살짝만 잡은 것 같은데 아파서 혼난 기억이 많다. 이 힘으로 그립을 잡으니 장타가 나오고, 스핀도 많이 걸리는 구나 절로 고개가 끄덕여질 수밖에 없다.

오른손과 왼손 색깔 차이가 많이 난다면 일주일에 2~3회 필드에 나가는 골프광이다. 한쪽 손만 장갑을 끼다 보니 햇빛을 받는 손과 받지 않는 손의 색깔 차이가 생긴 것이다. 색깔 차이가 많이 나는 골퍼일수록 필드 경험이 많은 고수가 틀림없다. 웨지를 많이 갖고 다니는 골퍼도 조심하라고 했다. 다양한 웨지 기술을 갖고 있는 '쇼트게임의 달인'인 것이 분명하다. 퍼터나 웨지 밑 부분에 무게를 늘리기 위해 납덩이를 붙였다면 정말 조심하는 게 상책이다. 웬만한 주말골퍼라면 납을 붙일 정도로 정성을 쏟아가며 골프채를 관리하지 않는다. 특히 웨지 그루브가 많이 닳았다면 지독한 연습벌레일 것이다.

골프백이 무거운 골퍼도 고수일 확률이 높다. 그의 골프백에는 유사시 필요한 장비가 가득하다. 우산이나 비옷, 바람막이는 기본이고, 비올 때 쓰려고 준비해 둔 수건이나 장갑까지 들어 있을 것이다. 무엇보다 쉽게 골프공을 잃어버리지 않다보니 골프백 안에는 점점 헌 공이 늘어만 간다. 그러니 골프백이 무거울 밖에.

사실 가장 확실하게 고수인지 아닌지를 확인하는 방법은 골프채 헤드를 보는 것이다. 헤드 이곳저곳에 상처가 많고 골프공 자국이 있다면 하수가 분명하다. 공을 제대로 맞추지 못한 흔적이다. 하지만 스위트스폿 부분에 골프공 자국이 또렷이 나 있다면 범접하기 힘든 내공을 갖고 있는 골프고수임에 틀림없다. 이 자국이 작으면 작을수록 초절정의 고수다. 반대로 원모양이 크다면 아주 정확한 임팩트를 하지 못하는 '하급 고수'에 불과할 것이다.

골프채 중 가장 눈여겨봐야 할 것이 롱아이언. 대부분 하수의 골프백에 들어 있는 롱아이언은 거의 새 것이나 다름없다. 쓸 일이 별로 없기 때문이다. 하지만 만일 3번 아이언 중앙에 골프공 자국이 제대로 나 있다면 그는 고수 중에 고수가 분명하다. 무조건 피하라. 초절정의 아마 골프고수가 떴으니까.

213

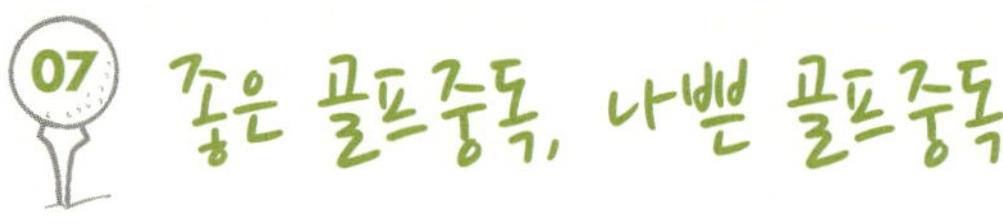

중독성 있는 레저스포츠 4대 종목을 아는가? 당구, 낚시, 바둑 그리고 골프다. 당구를 처음 배울 때 칠판이 당구대로 보이고, 잠을 자려고 누우면 천장에 하얀 공 두개, 빨간 공 두개가 굴러다니는 경험 안 해 본 사람 없을 것이다. 이른바 당구중독 현상이다.

바둑에 빠지면 창틀이란 창틀은 전부 바둑판으로 보이고, 움직이는 사람 머리는 모두 바둑돌로 보인다. 좋은 말로 마니아, 나쁜 말로 중독이다. 낚시에 빠진 사람들은 동네 웅덩이에 고인 물만 봐도 마음이 설렌다고 하니 '중독이란 게 참 무섭구나' 하는 생각마저 든다.

하지만 골퍼들은 누가 뭐래도 중독성이 가장 강한 종목은 단연 골프라고 우긴다. 스스로 골프중독이라는 '골사랑' 씨. 어쩔 수 없이 낀 당구 게임을 하면서도 머릿속에는 골프 밖에 없다. 자기 차례를 기다리면서 골사랑 씨가 하는 행동 좀 보소. 큐대를 거꾸로 들고 칩샷 연습을 하고 있지 않은가. 누가 골프중독 아니랄까봐. 상대가 멋지게 성공시킬 때마다 입에서 '굿샷'이 터져 나온다. 야구든, 축구든, 당구든 멋진 샷은 모두 '굿샷'이란다. 그럼 홈런은 '베리 굿샷(very good shot)'인가?

골프중독의 초기 증상은 아마도 새벽잠이 없어지는 것일 게다. 회사 출근하라면 오전 7시에 깨워도 "조금만 더~"를 외치는 사람이 골프 약속이라면 새벽 4시라도 오뚝이처럼 '벌떡' 일어난다. 모든 약속 중에서 골프 약속이 가장 중요하다고 여기기 시작한다면 본격적으로 골프중독에 빠지는 것이다. 증상은 점점 심해진다. 비라도 올 것처럼 잔뜩 찌푸린 날이면 초등학교 시절 소풍을 앞둔 어린 아이 마냥 두근댄다. '내일 비가 오면 어떡하지.'

걸으면서 팔을 앞뒤로 흔들지 않고 옆으로 흔드는 사람, 우산 들고 스윙 연습하는 사람, 엘리베이터에 혼자 탔을 때 백스윙 연습하는 사람, 평소 말이 없다가 골프 얘기만 나오면 열변을 토하는 사람, 이 정도면 골프중독 중에서도 중간에 해당하는 골퍼들이다.

이 단계를 넘으면 중증으로 옮겨 간다. 공원에서 남들이 보든지 말든지 혼자 골프채 하나 달랑 들고 연습 스윙을 한다. 모든 거리를 골프 칠 때 자신의 샷 거리와 연관한다. "저 거리 정도면 9번 아이언으로 보낼 수 있겠군." 가위바위보를 하면서 바위를 냈는데 주먹 형태가 오른손 그립 잡는 모양을 하게 된다면 자부심(?)을 가져라. 좋은 골프중독에 빠진 것이니까. 하지만 자칫 중독 현상이 나쁜 길로 넘어 가는 경우도 있다.

이른바 '나쁜' 골프중독이다. 평소 거짓말을 할 줄 모르던 사람이 골프 약속이 있을 때면 거짓말을 해서라도 반드시 지킨다. 아이들 성적보다 본인 스코어에 더 관심을 갖는다. 주말에 골프를 못하면 신경질적이 된다. 특정 골프장 홀 모양과 거리까지 알면서 정작 집안 식구 생일조차 기억 못한다. 인터넷 골프사이트에 떠돌고 있는 나쁜 골프중독 얘기 하나. 골프에 푹 빠진 가정주부 얘기다.

아내가 새벽에 잠든 남편을 놔두고 골프장을 향하며 식탁 위

메모지에 큰 글자로 '까불지 마라' 다섯 자를 적어 놓고 나간다. '까'스불 나갈 때 꼭 잠그고, '불'조심하고, '지'퍼 조심하고, '마'누라 언제 오냐고 휴대폰 자주 걸지 말고, '라'면은 식탁 위에 있으니 배고프면 끓여 먹으라는 얘기란다.

즐기는 게 '좋은' 골프중독이라면, 빠지는 것은 '나쁜' 골프중독이다. 당신은 즐길 것인가? 빠질 것인가?

늘 돈 따는 남자의 비밀

골프장에서 그의 애칭은 '밥'이다. '열린 지갑'이라고 놀리는 이도 있다. '물 반, 고기 반'의 그 '고기'요, 사나운 사자 무리에 둘러싸인 힘없는 '얼룩말'이다. 하지만 동료들 사이에서는 단연 최고 인기다. '먼저 보는 이가 임자'라고 좋아한다.

그의 지갑은 화수분이다. 언제나 두둑하고, 한 번도 마른 적이 없다. 거기다 전투력 하나는 최강이다. 그래서 동료들이 더 좋아한다. 돈을 잃어도 절대 화를 내는 법이 없다. "잠시 맡겨 놨으니 언젠가 찾아갈 것"이라고 되려 큰 소리다. '배판'이라는 단어는 그가 가장 즐겨 하는 말이다.

그의 사전에 '만세'는 없다. 아무리 얻어 터져도 내기 도중에 포기하는 법이 없다. 개평? 절대 구걸하지 않는다. 주면 받지만 달라고 조르지 않는다. 동료들에게 그는 늘 돈 잃어 주는 남자다.

하지만 그의 아내에게는 늘 돈 따는 남자로 통한다. 골프하는 날은 아내가 용돈 받는 날이다. 어떤 날은 3만 원, 어떤 날은 5만 원. 늘 딴 돈이라며 아내에게 기분 좋게 건넨다. 아내는 남편의 골프 실력이 최고라고 생각한다. 그도 그럴 것이 '툭'하면 우승했다고 쌀 한 포대씩 들고 들어오니 어찌 남편의 골프 실력을 의심할 것인가. 어떤 날은 과일 상자를 들고 올 때도 있다. 그 상자에는 항상 '우승'이라는 종이 딱지가 붙어 있다.

어느 날 아내에게 돈을 잃었다며 용돈을 주지 않는 남편. 그런데 남편의 입가에는 미소가 사라지지 않는다. 아내는 참으로 이상하다며 고개만 갸웃거린다. 사실 남편은 모처럼, 정말 오랜만에 돈을 땄다. 돈을 잃은 날은 자존심을 지키려고 아내에게 용돈을 줬지만 돈 딴 날 하루쯤 아내에게 돈 잃었다고 말하고 싶었던 남편 아닌가.

하지만 그것도 하루뿐이다. 다음 골프 약속부터 그는 다시 아내에게 '늘 돈 따는 남자'로 변한다. 그런 남편에게 비상이 걸렸다. 아내가 골프 입문을 선언한 것이다. 조만간 연습장에서 그의 스윙을 볼 게 뻔하다. 그리고 나선 분명 함께 라운드하자고 조를 것이다. 친구 부부와 동반라운드라도 하게 되면? 끔찍하다. 실력이 들통 나는 것은 이제 시간문제다.

언제나 그렇듯 동료들에게 지갑을 활짝 열어젖힌 어느 날. 술의 힘으로 하소연을 시작한다. "친구들, 돈 잃고 속이 상하지 않는 사람 있으면 나와 보라 그래. 나도 가끔씩은 돈 따고 싶다고. 회사 일에 치이다 보니 연습할 시간도 없고, 운동 신경이 남다른 것도 아니고. 난들 골프 잘 치고 싶지 않은 줄 아냐고."

점점 혀 꼬인 소리가 이어진다. "내가 제일 싫어하는 말이 뭔지 알아? '밥'이라고 '밥'. 내가 왜 '밥'이야? '열린 지갑'이라고? 왜들 이러실까. 너에게 이런 별명 붙여주면 좋겠어?" 울먹울먹하는 것이 금방이라고 눈물을 쏟을 태세다. "이제 골프도 그만두어야겠어. 아내가 골프를 하겠다고 했단 말이야. 내 실력을 알고 나서 얼마나 나를 처량하게 보겠어. 늘 돈 땄다고 용돈 두둑하게 줬던 게 거짓말이라는 게 들통날 게 뻔해. 이참에 골프 끊어버릴 거야. 친구들 이제 '밥'은 사라지는 거라구."

이번에는 친구들에게 비상이 걸렸다. 그렇게 화끈하던 '우리의 밥'이, 그렇게 돈을 잃어도 꿋꿋했던 '우리의 열린 지갑'이 골프 포기를 선언한 것이다. "고객 보호에 너무 소홀했나?" 후회해도 이미 엎질러진 물이다. 그렇게 속앓이를 했다니, 자칫하다가는 정말 '친구'를 잃을지도 모를 상황이다. 미안하고 안쓰럽다. 그토록 달콤했던 친구의 돈이 쓰디 쓴 약이 되는 순간이다.

골퍼들이여, '우정의 샷'이라고 들어 보지 못했나? OB(Out of Bounds)도 몇 방은 내주고, 생크도 몇 번 해주고. 아내에게 돈 잃었다며 미소 짓는 친구를 생각하면 '미스샷'이 '굿샷'보다 기분이 좋지 않겠는가.

09 골프고수와 하수의 '진짜' 차이

골프고수와 하수의 차이를 가장 확연히 드러내는 모습이 무엇일까? 바로 티를 꽂는 자세다.

고수는 절대 쪼그려 티를 꽂지 않는다. 엉거주춤 잡초를 뽑는 자세로 앉아서 티를 꽂는 골퍼 중 열에 아홉은 하수다.

이번에는 가장 '유머스러운' 골프고수와 하수의 차이다. 고수의 샷은 '본대로' 가고, 하수의 샷은 '걱정한대로' 간다. 고수와 하수 사이에는 '중수'도 있다. 중수의 샷은 '친대로' 간다. 하수는 샷을 하기에 앞서 자신감 없이 걱정만 한다고 해서 나온 우스갯소리다.

이제 본격적으로 고수와 하수의 차이를 들어 보자. 일단 고수는 파5홀이 오면 좋아하고, 하수는 파3홀이 나오면 흥분한다. 둘 다 버디가 나올 수 있다고 기대하기 때문이다. 고수는 왜 파5

홀을 좋아할까? 샷 미스가 나오더라도 충분히 만회해서 버디 기회를 만들 수 있기 때문이다. 반대로 하수에게는 운 좋게 한 방 맞으면 핀에 붙여 버디를 잡을 수 있는 홀이 바로 파3홀이다.

연습장에서 줄기차게 드라이버샷만 열중하는 골퍼도 분명 하수다. 드라이버가 한 번 잘 맞기 시작하면 멈출 줄 모른다. 하지만 고수들은 쇼트게임 연습에 많은 시간을 할애한다. 그리고 절대 드라이버를 몰입해서 연습하지 않는다. 또 하수는 드라이버샷이 잘 맞지 않으면 화를 내고, 고수는 퍼팅이 제대로 들어가지 않으면 불평한다. 드라이버샷 잘 맞은 날은 스코어가 엉망이라도 하수들의 입은 쩍 벌어진다. 1번홀 티잉 그라운드에 헐레벌떡 뛰어 와서 다급하게 티샷을 하는 골퍼도 하수일 공산이 크다. 고수는 1시간 쯤 일찍 와서 퍼팅 연습이나 스트레칭을 통해 라운드를 준비한다. 또 고수는 미스샷을 한 번만 하고, 하수는 미스샷을 연달아 한다.

미스샷이 나왔을 때 대처하는 방식만 봐도 쉽게 고수와 하수를 구분할 수 있다. 실수가 나오면 고수는 한 템포 쉴 줄 안다. 마음을 가다듬고 다음 샷으로 그 샷 실수를 최대한 만회해 보

려고 한다. 반대로 하수는 쫓기는 사람처럼 실수에 실수를 연
발한다.

골프백 속 골프채 중 새것 같은 롱아이언이 있다면 이 골퍼
또한 하수일 가능성이 높다. 고수는 절대 사용하지 않는 채를
골프백 속에 넣고 다니지 않는다. 무겁기만 하다. 사실 레귤러
온을 시키지 못했을 때 파세이브를 하는 확률이 어느 정도 되
느냐에 따라서 고수와 하수가 제대로 차이 난다.

이번에는 약간 고차원적인 고수와 하수의 차이를 보자. 고수
는 미스샷이 나왔을 때 자신을 탓한다. 반대로 하수는 남을 탓
한다. 특히 캐디 탓하는 고수는 별로 없다. 만일 고수이면서 캐
디 탓을 한다면 그 골퍼는 분명 진상 골퍼일 것이다. 또 고수는
원인을 두려워하고 하수는 결과를 무서워한다. 이 차이에 따라
서 그날 라운드가 엉망이었을 때 대처하는 방법이 또 다르다.

고수는 곧바로 골프채를 들쳐 메고 연습장으로 향한다. 미스
샷에 대한 원인 분석을 통해 다음 라운드를 준비하는 것이다.
하지만 하수는 불평을 털어 놓으면서 다음 번 결과는 잘 나올
것으로 낙관해 버린다.

영원히 하수이길 바라는 골퍼는 없을 것이다. 그럼 최우선적
으로 해야 할 게 있다. 바로 자기 자신을 아는 것이다. 내 샷과
내 마음가짐, 그리고 내 매너까지.

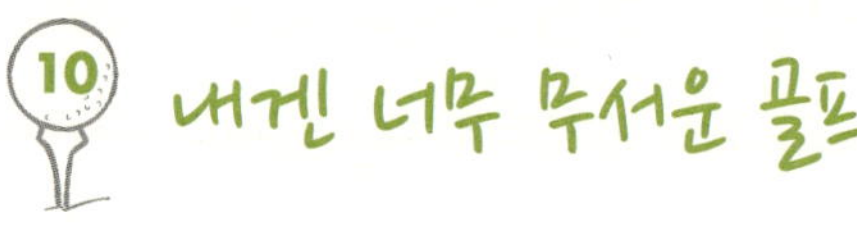

내겐 너무 무서운 골프

골프가 무섭다? 서서 하는 것 중 가장 재미있다는 골프가 왜 무섭냐고 할 사람들이 많을 것이다. 하지만 정말 공포심을 느껴 본 적이 없을까. 무섭다는 표현이 정확하지 않더라도 최소한 공포에 가까운 긴장감을 느낀 적은 있을 것이다. 고수 3명을 만난 라운드 첫 티샷 때, 놓치면 만세를 불러야 될 짧은 내리막 퍼팅 때, 개평을 전혀 주지 않는 까칠한 상대를 만났을 때, 긴장 이상의 두려움을 느끼게 된다. 소심한 골퍼일수록 그 강도가 클 것이다.

찰스 무어라는 프로골퍼는 "초보자가 몸을 충분히 꼬지 않는 이유는 몸을 꼴수록 공에서 점점 멀어진다는 공포심 때문이다"라고 설파한 적이 있다. 이 경우 조그만 골프공이 공포를 불러일으킨 원인이다.

무어가 굳이 공포라는 단어를 쓴 이유는 긴장이라는 말로는 그 감정의 정도를 제대로 표현하지 못하기 때문이리라. 골프에서 공포는 겉으로 드러나는 게 아니다. 마음의 공포이기 때문이다. 공포영화로 본다면 피가 튀는 슬래셔 무비라기보다는 분위기로 차근차근 심장을 조여 오는 그런 공포물이다. 미국의 한 레슨프로는 '골프란 겉으로는 비폭력적인 게임이지만 내면적으로는 매우 폭력적이다'라고 골프의 성향을 얘기한 적이 있다.

한국 골프장은 산을 깎아서 만든 코스가 대부분이어서 계곡을 넘겨 티샷을 해야 하는 홀들이 많다. 이때 골퍼들은 긴장 이상의 심리적 압박을 받는다. 그 것을 굳이 '공포'라고 표현하지 않더라도.

사실 170야드 정도만 캐리(날아간 거리)로 넘기면 되는데, 사실 그게 만만치가 않다. 200야드는 족히 쳐야 넘어갈 것처럼 멀어 보인다. 대체 30야드의 정체는 무엇일까? 착시 현상도 있겠지만 공포의 정도라고 해야 맞을 것이다.

만약 50야드만 넘기면 되는 계곡이라면 실제로도 50야드 밖에 보이지 않는다. 50야드야 웨지로 티샷해도 충분히 넘어갈 수 있는 거리 아닌가. 마음이 공포심을 느끼면 몸도 따라 무서움을 그대로 표현한다. 손에 땀이 난다던지, 백스윙이 제대로 되지 않는다던지, 다운스윙을 무지 급하게 한다던가.

공포를 느꼈을 때 가장 두드러지게 나타나는 현상이 무엇이라고 생각하는가. 그것은 바로 헤드업이다. 헤드업은 공포의 산물인 셈이다. 어떤 샷을 하기 전에 손이 떨리는 '입스'라는 현상이 있다. 헤드에 제대로 공을 맞추지 못해 터무니없는 방향으로 공이 날아가는 생크도 있다.

입스나 생크 현상으로부터 자유로운 골퍼는 한명도 없다. 입스나 생크 역시 스윙의 잘못 보다는 멘탈, 특히 공포의 문제에서 찾아야 할 것이다. 프로골퍼조차 짧은 내리막 퍼팅에서는 긴장 이상의 그 무엇, 공포라고 표현해도 될 만큼 심리적인 압박감을 받는다. '골프 전설' 중 한명인 진 사라센은 이를 가장 잘 느낄 수 있는 표현을 한 적이 있다. "내 동료들은 골프를 너무 자주 한다. 그들은 골프로 소진한다. 그리고 그들의 비석에는 '여기 백만장자가 누워 있다. 내리막 퍼트가 그를 데려갔다'고 쓰일 것이다." 얼마나 심리적 압박을 받으면서 스트레스가

쌓였던지 흡연도 과음도 아닌 내리막 퍼트가 죽음에 이르게 하
는 원인이 된다고 했을까.

하지만 골프의 공포는 집착에서 오는 경우가 대부분이다. 샷
하나 실수했다고 지구가 멸망하는 것은 아니다. 시쳇말로 돈으
로 때우면 되는 것 아닌가. 골프광들은 이런 마음일 것이다. '내
일 지구가 멸망한다면 오늘 나는 마지막 라운드를 하겠다.'

골프는 무서울 때도 있지만 너무 재미있다는 사실에 골퍼라
면 모두 동의할 것이다. 그리고 또 한 가지. 이런 무서움이 있기
에 골프가 더욱 재미있는 것이다.

PART 05

:: 골프의 기술 ::

# 01 주말골퍼의 라이벌 '올드맨파기'

'올드맨파(Old Man Par)'라는 말이 있다. '골프의 전설' 보비 존스가 만들어 낸 용어다. 마스터스가 열리는 오거스타내셔널 골프장을 만든 그는 "골프란 다른 플레이어와 싸우는 것이 아니라 '올드맨파'에 치열하게 맞서 나가는 것"이라고 했다.

존스는 '올드맨파'를 골프코스의 다른 의미로 봤다. 존스에게 올드맨파는 자신 안에 있는 가상의 라이벌이기도 했다. 매홀 '파'와 싸우다 보면 결국 좋은 스코어로 연결된다는 것이다. 존스가 아마추어 신분으로 당대 최고의 프로골퍼들을 제치고 최고의 골퍼가 될 수 있었던 이유도 올드맨파와의 승부에서 패하지 않았기 때문이다.

존스 스스로도 "나는 파라는 올드맨을 상대하게 되면서 큰 경기를 차례로 이길 수 있게 되었다"고 했다. 존스는 1930년,

28세의 나이로 US오픈 4차례, 브리티시오픈 3차례, 그리고 5
차례의 US아마추어와 브리티시아마추어대회 우승이라는 대
기록을 수립했다.

그의 명언들은 대부분 올드맨파와 맞서 싸우면서 스코어를
줄이는 데 집중돼 있다. 존스의 또 다른 명언을 보자. 그는 "칩
샷은 골프에서 가장 위대한 경제학자"라고 말한 적이 있다. 스
코어를 줄이는 데는 칩샷만큼 유효한 수단이 없다는 것이다.

이런 말도 했다. "스윙할 때 세 가지를 생각하면 샷을 망친다. 두 가지를 생각하면 파를 할 수 있다. 그런데 단지 한 가지만 생각한다면 토너먼트에서 우승할 수 있다." "낮은 스코어를 내는 비결은 세 번에 칠 것을 두 번에 칠 수 있도록 하는 능력"이라고 한 것 역시 보기를 멀리하고 파에 전념하라는 뜻이다.

프로골퍼나 골프고수들에게는 '파 세이브'가 상당히 중요하다. 보기 없는 게임을 하기란 상당히 어렵지만 최대한 보기를 줄여 나가는 것이 그들의 코스 공략의 주요 포인트인 것이다. 그러다 보면 버디도 나오게 된다.

그래서 스크램블링을 상당히 중요하게 여긴다. 스크램블링은 레귤러 온을 시키지 못했을 때 파를 세이브하는 능력을 말한다. 스크램블링을 잘하는 선수치고 성적이 나쁜 선수가 없다. '미녀골퍼' 서희경이나 '골프지존' 신지애와 같은 선수가 존스가 말한 '올드맨파' 이론(?)을 제대로 지키는 골퍼들이다. 그들의 스코어 카드에서는 보기를 찾아보기 힘들다. 보기조차 거의 하지 않는 '짠물 스코어'가 두 선수의 골프 스타일이다.

하지만 주말골퍼에게는 파를 잡는 것이 결코 쉽지 않다. 코스가 어려운 곳에서 라운드를 하거나 컨디션이 나쁜 날에는 파하나 잡지 못할 때도 있는 게 주말골퍼의 세계다. 주말골퍼에게 가상의 라이벌은 '올드맨보기(Old Man Bogey)'가 되어야 한다. 18홀을 보기만 해도 90타가 나온다. 만일 운이 좋아 파가 몇 개 낀다면 80대를 칠 수 있다. 운이 좋은 날은 버디가 몇 개 나올 수도 있다.

이제 보기와 싸우는 것을 상상해 보자. 그럼 골프가 무척 쉬운 운동이라는 점을 느끼게 될 것이다. 파3홀에서는 2온만 하면 되고 파4홀에서는 세 번만에 그린에 올리면 보기를 기록하는 게 어렵지 않다. 파5홀에서는 네 번만에 그린에 올리면 되니 얼마나 샷이 편안해지겠는가. 그러다 보면 그린 앞 벙커도 무섭지 않게 된다. 벙커에 빠지더라도 그냥 밖으로 탈출해서 2퍼트로 '보기 세이브'를 하면 그만이다. 이렇게 편안하게 라운드하다 보면 운이 좋아 파도 나오고 더한 행운이 찾아오면 버디도 잡게 된다.

무엇보다 '올드맨보기'와 상대하다 보면 더블보기 이상이 잘 나오지 않는 장점이 있다. 더블보기 이상은 꼭 파를 잡아야겠다고 조급해지거나 실수를 만회해 보려고 무리한 샷을 하다가 나오는 것이다.

이제 내기를 하는 동료는 신경 쓰지 말자. 대신 '올드맨보기'와 싸워라.

02 '거리 좀 나는데…', 구찌의 위력

'구찌(くち)'란 일본어로 입이란 뜻이다. 골프 은어로 구찌는 말로 상대방을 흔들리게 하는 심리전의 한 수단으로 통한다. 우리말을 사랑한다면 순화하는 게 맞겠지만 그 말을 대체할만한 그 어떤 단어도 찾을 수가 없다.

구찌에도 종류가 있다. '좋은 구찌', '나쁜 구찌' 그리고 '이상한 구찌'다.

먼저 좋은 구찌. '좋은' 구찌라고 말하지만 사실 '치사한' 구찌가 근접한 표현이다. 칭찬으로 상대에게 힘이 들어가게 해서 망가지게 만드는 법이다. 이런 식이다. "드라이버 거리가 엄청 나네, 힘 무지 좋다." 이렇게 한마디 칭찬해 놓으면 열에 아홉은 힘이 들어가게 마련. 뭔가 보여주고 싶은 마음에 정확성은 안중에도 없고 '무식한 힘'을 자랑하게 된다. 몇 번 쳐서 한 번

237

제대로 맞은 샷이 나올지는 몰라도 정확성은 크게 떨어진다. 하수일수록 이런 구찌에 자주 흔들린다.

초보를 막 뗄 무렵, 한 프로골퍼가 상대 스윙을 망가뜨리는 방법을 가르쳐 주겠다는 솔깃한 제안을 한 적이 있다. 못 이기는 척 하고 들었다. 내용인 즉은 상대가 잘하는 한 가지에 대해 몇 차례에 걸쳐서 칭찬하라는 것이다.

바로 '좋은 구찌'였다. 예를 들면 "피니시가 정말 아름답네요. 어떻게 하면 그렇게 멋있게 할 수 있나요?" 이런 식으로 추켜 세우라는 것이다. 그러면 그는 스윙할 때마다 멋지게 피니시하려고 신경 쓰게 되고 스윙 리듬을 잃게 된다. 장타를 치는 골퍼에게는 장타에 대해 침이 마르도록 칭찬한다. 그러면 거리 욕심이 더 나게 되고 무리한 스윙으로 이어진다. 벙커샷 잘하는 이에게 '벙커샷의 귀재'라고 추켜 준다면 실수할 가능성이 높다.

반면, 가장 흔한 구찌는 '나쁜 구찌'다. 단도직입적으로 상대의 단점을 얘기하는 것이다. "어떻게 그런 이상한 스윙으로 좋은 성적을 내지?", "임팩트 때 머리가 뒤에 머물지 않고 공을 따라 나가네", "어깨에 너무 힘이 들어간다. 힘 좀 빼봐. 거리 많이 날 걸.”

이런 식으로 상대의 잘못을 따갑게 지적해 준다. 그러면 그 지적을 들은 골퍼는 자신의 잘못을 내내 생각하게 되고 제대로 된 샷을 할 수 없게 된다. 오른쪽으로 OB(Out of Bounds)가 나서 씩씩거리고 있는 데 한마디를 더 거든다. “왼쪽에도 OB 구역이 있네.” 가뜩이나 오른쪽 OB가 신경 쓰이는데, 왼쪽 OB 얘기까지 해 놨으니 샷이 제대로 될 리가 없다.

구찌 중 최고는 ‘이상한 구찌’다. 사실 ‘이상한’은 ‘치밀한’으로 바꿔 들으면 잘 이해할 수 있다.

마지막으로 ‘치밀한 구찌’를 보자. 예를 들면 이런 것이다. 두 골퍼의 퍼팅 라인이 같다. 거리가 먼 골퍼가 먼저 친다. 그리고서 한마디 툭 던진다. “오른쪽을 너무 봤더니 빠지네. 별로 라인이 없잖아.”

사실 슬라이스 라인이 상당히 심했다. 그래도 마치 경사를 별로 먹지 않은 것처럼 얘기해 놓으면 상대방은 자신이 읽은 라인을 헷갈려 할 게 분명하다. 다음과 같은 난해한 얘기를 한마디 던져 보라. 전 홀에서 멋진 드라이버샷을 날린 골퍼에게 다음 홀 샷을 하기 전에 "너 샷할 때 숨을 들이쉬면서 하니, 멈추고 하니?"라고 묻는다.

그럼 정말 그 골퍼는 자신이 숨을 쉬면서 샷을 하는지 멈추고 하는지 머릿속이 온통 복잡하게 되고, 샷에 집중할 수가 없다. 구찌의 종류를 열거하는 이유는 구찌를 하라는 얘기가 아니다.

구찌를 자주 하는 골퍼를 좋아하는 이는 별로 없을 것이다. 구찌가 많은 골퍼는 기피 대상이다. 하지만 '지피지기면 백전백승'이라고 했다. 구찌의 종류를 알아야 그때그때 제대로 방어를 할 수 있는 법이다. 사실 구찌를 이기는 최고의 방법은 그냥 '무시'하는 것이다. 그게 잘 안 되기는 하지만.

03 내 마음의 '골프 5적'

흔히 '무빙데이'라 하는 3라운드에서 선두에 나선 선수에게 기자들이 가장 자주 물어보는 질문이 "어떤 전략으로 최종일을 맞을 것이냐"다. 그럼 대다수가 "경쟁자들은 신경 쓰지 않고 나 자신과의 싸움을 벌일 것"이라고 대답한다. 하지만 기자들은 대부분 안다. 절대 욕심 부리지 않고, 자신과의 싸움을 하지 못하리란 것을. 그리고 당사자도 잘 알고 있다. 노력은 하겠지만 결코 쉽지 않으리란 것을.

골프는 확실한 멘탈 게임이다. 혹자는 골프의 70%가 멘탈이라고 하고, 다른 이는 100% 모두 멘탈 게임이라고도 한다. 어떻게 골프가 70~100% 멘탈로만 이루어 졌겠는가. 단지 멘탈을 강조하는 말일 뿐이다. 사실 멘탈의 비중은 골프 실력과 비례해 커진다.

지금 당장 머리 올리는 골퍼에게 아무리 멘탈을 강조해도 절대 싱글 스코어를 낼 수 없다. 그에게 멘탈의 비중은 10%도 안 될 것이다. 하지만 90대, 80대로 실력이 향상되면서 멘탈의 비중도 덩달아 높아진다. 프로골퍼들이라면 비중이 80%로 급격히 높아질 것이다. 타이거 우즈 정도의 실력을 갖춘 선수라면 멘탈의 비중은 90%를 넘을지 모른다. 슬럼프에 빠진 우즈의 문제점은 샷 기술이나 스윙이 아니다. 아마도 그를 괴롭히고 있는 가장 큰 마음속 감정은 '불신'일 것이다. 어느 순간 자신의 샷을 믿지 못하게 된 것이다. 티샷만 하면 이리저리 페어웨이를 피해 다니고, 아이언 샷은 그린을 벗어나기 일쑤니 자신의 샷에 믿음이 가지 않는 게 당연하다.

2009년 말 불미스러운 일이 벌어지기 전까지만 해도 우즈의 샷은 자신감이 넘쳤다. 하지만 불신이 찾아오는 순간 자신감은 '바람과 함께' 사라졌다. 불신은 골프를 힘겹게 하는 감정의 하나일 뿐이다. 불신과 함께 골프를 어렵게 하는 감정을 다섯 가지만 꼽으라면 욕심, 긴장, 조급증, 두려움을 들 수 있을 것이다. 이들이 '내 마음 속의 골프 5적'인 셈이다. 이들과의 싸움에서 이기느냐 지느냐에 따라 골프도 잘 되고, 안 되고를 반복한다.

슬럼프에 빠진 우즈에게는 조급증도 그의 골프를 방해하는 마음속 적이다. 하루 빨리 '골프황제'다운 모습을 보여주겠다는 마음만 앞서니 샷이 제대로 될 리 없다. 급한 마음은 골프 스코어를 갉아 먹는 요소다. 스윙이 급하면 리듬이 빨라지고, 현명한 코스 전략을 세울 수 없다.

골퍼에 따라서는 긴장이 가장 큰 마음의 적일 수 있다. 결정적인 순간에 실수를 자주 하는 주말골퍼라면 긴장을 누그러뜨릴 수 있는 방법을 터득해야 한다. 어느 날 스코어가 너무 좋다. 이제 몇 홀만 무난하게 넘어 가면 생애 베스트 스코어를 낼 수 있는 상황이다. 이때 홀연히 찾아오는 것은 '욕심'이다. 이 욕심을 다스리지 못하면 십중팔구 더블보기, 트리플보기와 같은 치명적 스코어가 나온다.

주말골퍼에게는 두려움이 '내 안의 골프 5적' 중 가장 큰 적일 것이다. 공이 빙커에만 빠지면 겁부터 나고, 해저드가 앞을 가로 막기라도 하면 사나운 개가 앞에 있는 것 같은 두려움이 드니, 두려움만 없으면 백전백승할 것 같다. 프로골퍼들이 가장 껄끄럽게 생각하는 순간이 어떤 것인지 아는가. 바로 1m 내외의 퍼팅을 남겨둔 상황이다. 마음씨 고운(?) 주말골퍼라면 'OK(기브)'를 줄 만한 거리지만 항상 홀아웃을 해야 하는 프로골퍼들에게는 가장 피하고 싶은 상황인 것이다.

2m 이상이 되는 거리라면 안 들어가도 그만이라는 편안한 마음으로 퍼팅할 수 있다. 하지만 1m쯤은 무조건 넣어야 한다는 심리적 압박감에 짓눌린다. 골프대회를 볼 때 선수들이 가

장 실망하는 순간을 떠올려 보라. 깊이 생각하지 않아도 짧은
퍼팅을 놓쳤을 때란 걸 알 것이다. 아마도 이때가 자신 속에 숨
어 있던 골프 5적이 모조리 뛰쳐나오는 순간이다.

　'내 안의 골프 5적'을 다스리는 자, 그가 골프계에서는 '천하
무적'이다.

04 스코어를 갉아 먹는 나쁜 습관

자칭 골프광이라는 골사랑 씨. 스스로 '골프에 미쳤다'며 골프 사랑을 만천하에 과시하는 스타일이다. 꿈을 꿔도 골프 치는 꿈만 꾼단다. 그에게 취미라고는 오로지 골프밖에 없다. 시간이 나면 연습장, 스크린골프방으로 달려가 실전에 대비한다. 골프 사랑이나, 연습량으로 따지면 프로골퍼 뺨친다.

하지만 정작 필드에선 영락없는 주말골퍼다. 그냥 주말골퍼도 아니다. 툭하면 내기에서 돈 잃는 '하수' 주말골퍼다. 시간과 노력을 투자해도 보기 플레이어 수준에서 벗어나지 못한다. 왜 그럴까? 왜 그런지는 필드에서의 골사랑 씨 모습을 돌아보자. 골사랑 씨의 좌우명은 '시간을 아껴 쓰자'다. 어차피 인생은 한 번밖에 오지 않는 것 아닌가. 정해진 시간을 가장 효율적으로 쓰는 것이 골사랑 씨의 삶의 방식이자 목표나. 시간을 허비하는 것은 그에게 죄악이다.

그러다 보니 한두 시간 일찍 골프장에 도착하는 것은 골사랑 씨에게 상상조차 할 수 없는 일이다. 정확히 30분 정도 여유(?) 있게 도착해 식사도 하고, 라운드 준비도 하면 빠듯하게 1번홀 티샷할 시간을 맞출 수 있다.

이 습관으로 첫 홀 티샷도 그럭저럭 '낫 배드(Not bad)' 수준 이다. 하지만 언제나 30분 여유를 두고 골프장에 도착할 수는 없는 법. 도로가 막히는 날은 첫 홀에서 동료들이 모두 티샷하 고 나서야 겨우 도착한다. 이날은 샷이 엉망이다. 스코어가 좋 을 수 없는 이유다.

순서를 어기는 것은 골사랑 씨의 전매특허다. 어기고 싶어서 가 아니다. 동료들의 여유 있는 플레이를 견디지 못하는 것이 다. 티샷할 때에는 어쩔 수 없이 차례를 지키지만 페어웨이나 그린 근처, 심지어 퍼팅을 할 때도 동료들이 이리저리 재는 것 을 허락하지 못한다. 그에게는 모든 골퍼가 슬로 플레이어처럼 느껴진다.

먼저 샷을 해야 할 동료의 따가운 시선을 느끼면서 샷하는 마음은 편안할 수 있을까? 성급한 마음으로 샷을 하다 보니 평소대로 스윙하지 못하고 실수 연발이다. 곧바로 후회해 보지만 똑같은 상황이 오면 또다시 기다리지 못하는 게 어쩔 수 없는 골사랑 씨의 마음이다. 1m 이내 짧은 퍼팅에 '마크'란 단어는 없다. 퍼팅이 짧거나 길거나 상관없이 1m 이내이면 먼저 홀아웃을 하겠다고 급하게 퍼팅을 하고 만다.

이렇게 퍼팅하면 장점도 있고 단점도 있다. 장점은 긴장이 되지 않는다는 점이다. 하지만 장점보다 단점이 많다. 경사가 있는 경우라면 실패할 가능성이 꽤 높다. 프로골퍼들의 경우 조금이라도 경사가 있다면 정말 아주 짧은 것을 제외하고는 홀아웃하는 법이 없다. 성격이 급한 골사랑 씨에게는 홀 공략에 전략이란 게 없다. 파3홀을 제외하고는 한 번도 그 홀 길이를 물어 보고 티샷한 적이 없다.

'그린까지 얼마나 남았느냐'가 골사랑 씨가 유일하게 캐디에게 물어 보는 질문이다. 그는 홀 전체의 길이를 물어 보지 않고 티샷하는 것이 스코어를 갉아 먹는 나쁜 습관이라는 사실을 전혀 모른다. 칩샷 때 그린 경사를 전혀 고려하지 않는 것도 골사랑 씨의 나쁜 버릇이다. 칩샷을 할 때도 퍼팅을 할 때처럼 그린 경사를 충분히 읽어야 좋은 스코어를 낼 수 있다는 사실을 간과하고 있는 것이다.

잘 맞았을 때 거리를 평균 거리로 착각하는 것도 골사랑 씨의 나쁜 습관 중 하나다. 그린으로 샷을 하고 나서는 항상 이런 불만을 토로한다. "이거, 거리 잘못 불러준 거 아니에요? 7번 아이언이 평소 150야드쯤 나가는데 짧잖아요." 세 살 버릇 여든 간다는데, 골사랑 씨 싱글되긴 영 글렀다. 혹시 당신이 바로 골사랑 씨는 아닌가?

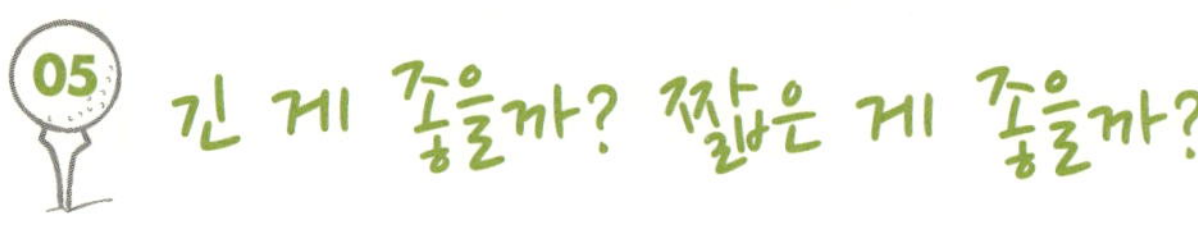

골프 규칙에 관련한 상식 테스트다. 어떤 선수는 15인치(38.1cm)짜리 숏퍼터를 사용했고, 다른 선수는 60인치(152.4cm)짜리 롱퍼터를 썼다. 누가 골프 규칙을 위반했을까? 정답은 15인치짜리 퍼터를 사용한 선수다. 영국골프협회(R&A)와 미국골프협회(USGA)가 규정한 골프 규칙은 18인치(45.72cm)보다 짧은 퍼터를 사용할 수 없게 하고 있다. 반대로 긴 퍼터에 대해서는 아무런 제한이 없다. 또 퍼터를 제외한 골프채는 48인치(121.92cm)를 넘으면 안 된다.

자, 이제 퍼터 길이 논쟁(?)으로 한 번 들어가 보자. 핵심은 '짧은 게 좋을까?', '긴 게 좋을까?'다. 장신들이 즐비한 PGA투어지만 의외로 숏퍼터 예찬론자들이 많다. 180cm의 장신이면서 미국프로골프(PGA) 투어에서 가장 멀리 날리는 '괴물 장타자’ 로버트 개리거스는 대표적인 선수다. 개리거스가 2011년 현대 토너먼트오브챔피언스에서 준우승을 차지할 때 사용한 퍼터 길이는 불과 28인치(71.12cm)였다. ‘거인’이 ‘난쟁이 퍼터’를 쓰는 꼴이다.

타이거 우즈의 딸 샘에게 같은 길이의 퍼터를 선물하기도 했던 개리거스는 “어깨를 웅크리고 어드레스하기 때문에 손목을 쓰지 않고 어깨 턴 위주의 스윙을 할 수 있어 좋다”고 숏 퍼터의 장점을 설명한다.

PGA투어에서 5승을 거뒀던 켄 그린은 심지어 25인치(63.5cm)짜리 퍼터를 사용해 화제가 되기도 했다. 2006년 세계랭킹 10위까지 올랐던 데이비드 하웰은 185cm의 장신임에도 32인치 퍼터를 사용했다. PGA투어 7승에 빛나는 최경주도 32인치짜리 퍼터를 쓰는 숏퍼터 예찬론자 중 한명이다. 단신 선수이기는 하지만 1991년 마스터스에서 우승한 이언 우즈넘은 당시 30인치 퍼터를 사용해 그린재킷을 입었다.

개리거스의 설명을 굳이 거론하지 않더라도 숏퍼터의 장점은 많다. 헤드 중심에 정확히 공을 맞출 수 있다는 것이 숏퍼터의 최고 장점이다. 퍼터를 직선 운동에 가깝게 스윙할 수 있어 방향성이 좋은 것도 이점이다.

하지만 지나치게 앞으로 숙여 퍼팅해야 하기 때문에 후반으로 갈수록 근육의 피로 누적으로 인한 일관성에 문제가 생길 수 있다. 거리 조절이 힘든 것도 숏퍼터의 단점 중 하나다.

이번에는 롱퍼터 예찬론자들을 보자. 퍼터의 길이 선호도와 나이는 비례한다는 사실을 아는지?

롱퍼터의 대명사로 통하는 베른하르트 랑거나 비제이 싱, 김종덕도 처음에는 평범한 퍼터를 사용했다. 하지만 퍼팅 입스 등의 이유로 난조에 빠지면서 롱퍼터로 바꿔 성공한 선수들이다. 퍼팅 입스 때문에 선수 생활을 접으려고까지 했던 랑거는 롱퍼터로 바꾸면서 제2의 전성기를 맞은 최고의 롱퍼터 예찬론자다.

롱퍼터의 길이는 통상적으로 50인치(127cm) 내외다. 퍼터 끝을 턱이나 가슴 사이에 고정시켜 놓고 퍼팅을 할 수 있기 때문에 정교한 추 운동을 가능하게 한다. 극도의 압박감 속에서 손이 떨려 퍼팅을 제대로 하지 못하는 선수들에게는 '구세주'

역할을 하는 게 롱퍼터인 셈이다.

90년대 중반 롱퍼터를 사용하는 선수들이 급격하게 늘자 '골프의 재미를 반감시킨다'며 이를 제한하자는 의견까지 대두되기도 했다. 어니 엘스는 예전에 "긴장과 퍼팅도 골프의 요소다. 몸에 고정을 하는 퍼터는 완벽한 스트로크를 할 수 있게 해 퍼팅을 쉽게 한다"고 반발하기도 했다. 하지만 워낙 롱퍼터가 널리 퍼진 탓에 지금은 누구도 제한하자는 소리를 하지 않는 상황이다.

주말골퍼들은 퍼터를 고를 때 가장 중요하게 여기는 것이 무엇일까? 답이 여러 갈래로 갈릴지는 모르겠지만 대부분 브랜드나 헤드 모양이라고 생각할 것이다. 하지만 길이 무게 라이 로프트 등 퍼터의 여러 스펙 중 퍼팅의 결과에 가장 중요한 영향을 미치는 것은 퍼터 길이다. 사실 적당한 퍼터 길이는 골퍼에 따라 제각각이다. 키가 크고 작음은 물론 평소 얼마나 어깨를 구부려 퍼팅하느냐에 따라서도 달라질 수 있고, 팔 길이에 영향을 받기도 한다.

통상적으로 자신에 맞는 퍼터 길이는 공이 바로 눈 아래에 위치하도록 편안하게 어드레스했을 때 그립이 0.5인치 남는 정도다. 국내 주말골퍼들은 대부분 34인치 퍼터를 사용한다. 장신들이 많은 PGA투어 선수들의 평균 퍼터 길이도 34인치 정도인 것을 감안하면 국내 주말골퍼들이 대체적으로 긴 퍼터를 사용한다는 사실을 유추할 수 있다.

하지만 '퍼터'에서 가장 중요한 것은 길이일지 모르지만 '퍼팅'에서 가장 중요한 것은 또 다른 게 있다.

잠시 2011년 현대 토너먼트오브챔피언스 현장으로 시계를 돌려 보자. 당시 개리거스는 조너선 비어드와 연장전에서 맞붙었다. 연장 두 번째 홀에서 개리거스는 승부를 연장 세 번째 홀로 돌릴 수 있는 1m도 채 되지 않는 파퍼팅을 남기고 있었다. 주말골퍼도 어렵지 않게 넣을 수 있는 거리였다. 하지만 개리거스의 기대와는 달리 공은 홀을 살짝 빗겨나고 말았다. 개리거스에게는 천추의 한이 남을 퍼팅 실패였다.

이 순간, 개리거스에게 필요했던 것은 짧은 퍼터가 아니라 압박감을 이길 수 있는 든든한 강심장이었다.

 06 개평 많이 받아 내는 비법(?)

　골프에서 내기란 '약방의 감초'와 같은 것이다. 내기를 별로 좋아하지 않는 골퍼라면 "무슨 소리? 내기 때문에 골퍼들이 도매금으로 나쁜 소리를 듣는다"고 할지 모르겠다. 하지만 내기 없는 골프는 '팥소(앙꼬) 없는 찐빵'이나 다름없다는 쪽에 한 표 던질 이들이 훨씬 많을 것이다. 골프대회만 하더라도 상금 전액을 기부한다며 치러지는 이벤트성 스킨스게임은 별로 흥미를 주지 못한다. 손에 땀을 쥐는 흥분은 두둑한 상금이 걸렸을 때 비로소 생겨나는 것이다.

　하지만 돈 잃고 속 좋은 이는 없을 것이다. 그래서 개평이라는 '훌륭한(?)' 제도가 있긴 하지만…. 내기와 도박의 차이점을 아는가? 그 것은 액수의 크고 작음에 따라 구분될 수도 있겠지만 개평이 '있고 없고'의 차이에서도 구별된다고 하겠다. 개평

255

의 사전적 의미는 '노름이나 내기 따위에서 남이 가지게 된 몫에서 조금 얻어 가지는 공것'이다. 말이 공것이지 몇 시간 전만해도 내 수중에 있던 돈이 아니던가. 그래서 개평은 많이 받으면 받을수록 내기에서 패한 아픔에 비례해서 마음을 어루만져 준다.

자, 이제 본론으로 가자. 개평 많이 받아 내는 비법(?)이다. 개평에도 전략과 전술이 필요하다. 가장 기본은 우는 것이다.

설마 진짜 눈물을 흘리며 우는 것을 상상하는 골퍼는 없을 것이다. "아내에게 맛있는 저녁을 사주기로 했는데 영 틀려 버렸네.", "왜 이렇게 공이 안 맞지? 난 내기를 하면 안 돼.", "다음부터 내게 내기하자고 하지 마, 알았지?" 이런 식으로 읍소하면서 상대가 도저히 개평을 내놓지 않고는 배기지 못할 정도로 안쓰럽게 만드는 작전이다.

물론 이때 조심해야 할 것은 상대가 짜증이 날 정도로 '너무 울면' 안 된다는 점이다. 괜히 정말 기분이 나빠서 안면몰수할 수도 있다. 아부나 아첨도 개평 받아내는데는 훌륭한 방법이다. 도저히 역전 시킬 수 없을 상황에 이르면 이제부터 가장 돈을 많이 딴 동료를 상대로 아부 전략으로 들어간다. 이런 식이다. "형님은 어찌 골프도 잘 치시면서 매너도 이렇게 좋으십니까?" 공이 빗나갔을 때에도 "형님은 평소 착한 일을 많이 해서 공이 살아 있을 겁니다."

"왜 아부냐?" 되물을 때 더욱 확실하게 밀어 붙인다. "형님, 제가 언제 아부했다고 그러십니까. 저는 올바른 말 밖에 하지 못합니다." 이쯤 되면 제 아무리 목석같은 동료라도 "개평이라도 두둑하게 줘야지"하는 마음이 생겨날 것이다. 아부와 구걸은 종이 한 장 차이라고? 이런들 어떻고 저런들 어떠리. 원래 내 돈이었지만 그래도 개평을 받을 때는 공돈이 생기는 기분이 드는 것이다.

사실 가장 확실하게 개평 뜯어내는 방법은 '올인'하는 것이다. 앞으로 남은 홀 동안 도저히 복구가 안 될 것으로 판단되면 그때부터 배판 삼배판을 부르면서 돈을 왕창 잃는 것이다. 혹시라도 내게서는 '눈 먼 버디'가 나오고 상대 3명은 나란히 '양파(더블파)'를 깔지도 모를 일 아닌가? 어차피 역전이 되지 않더라도 돈을 많이 잃게 되면 개평도 두둑해 지는 법이다. 이때 조심해야 할 점이 있다. 모르는 이를 상대로 이 방법을 썼다가는 정말 깡통을 찰 수도 있다. 서로 잘 아는 사이에서, 도저히 많은 돈을 따고 잃고는 안 될 사이에서 쓰는 '배수(背水)'의 방법이다.

사실 내기는 그저 골프의 재미를 높이기 위해 사용하는 '계륵'이다. 이미 내기에서 이긴 것으로 기분이 '업' 됐다면 이번에는 개평으로 상대를 '업' 시킬 필요가 있지 않는지? 골프에서 내기가 '약방의 감초'라고 인정하지 못하는 골퍼라도 내기에서 개평이 '약방의 감초'라면 고개를 끄덕일 것이다.

 **07 골프고수를 만드는 11가지 습관**

　스티븐 코비의 명저 《성공하는 사람들의 7가지 습관》은 성공하고 싶은 사람들이 반드시 새겨야 할 내용으로 이루어져 있다. 내용은 대충 이렇다. 자신의 삶을 주도하라, 끝을 생각하며 시작하라, 소중한 것을 먼저 하라, 승-승을 생각하라, 먼저 이해하고 다음에 이해시켜라, 시너지를 내라, 끊임없이 쇄신하라 등이다. 골프고수가 되기 위한 습관도 있을 것이다. 여기서는 11가지를 뽑아 봤다. 굳이 책 제목으로 뽑는다면 '골프고수가 되기 위한 11가지 습관' 정도가 되겠다.

　첫 번째 습관, 자나 깨나 스트레칭이다. 프로골퍼들에게나 아마 고수들에게 근력과 유연성 중 어느 것이 더 중요하냐고 물으면 십중팔구 '유연성'을 고른다. 유연성은 정교함은 물론 장타를 끌어내기 위한 기반이다. 모든 건물은 기반이 튼튼해야 하는 법. 골프도 마찬가지다. 그리고 유연성을 키우기 위한 가장 좋은 방법으로 스트레칭 그 이상, 그 이하도 없다.

두 번째 습관, 부정적인 생각을 하지 않는다. 페어웨이가 마치 운동장처럼 넓고 함정도 없는 홀에서 미스샷을 날리는 골퍼는 별로 없다. 하지만 페어웨이가 개미허리 같이 좁고 좌우에 OB 구역이 있는 홀에서는 원하는 샷이 잘 나오지 않는다. OB가 날 것 같은 부정적인 생각이 들기 때문이다. 자신의 샷에 대한 믿음을 갖고 자신감 넘치는 스윙을 한다면 실수를 크게 줄일 수 있다.

세 번째 습관, 순서를 어기지 않는다. 자신의 샷 차례를 지키지 않는 골퍼들의 대부분은 급한 성격의 소유자다. 남들이 모두 샷을 끝낼 때까지 기다리지 못하는 것이다. 급한 마음에 하는 샷은 좀처럼 '굿샷'으로 연결되지 않는다. 이런 골퍼들의 스윙을 보면 또 엄청나게 급한 것을 알 수 있다. 자신의 차례를 기다리는 느긋함이 좋은 샷을 하기 위한 필요조건이다.

네 번째 습관, 실패를 두려워하지 않는다. 프로골퍼들에게 가장 까다로운 샷을 물었더니 많은 이들로부터 '1.5m 정도의 거리에서 퍼팅'이라는 답이 나왔다. 반드시 성공해야 할 퍼팅을 실패했을 때 받는 충격이 상당하기 때문이란다. 실패에 대한 두려움은 원활한 스트로크를 방해해 성공률을 더욱 떨어뜨린다.

다섯 번째 습관, 무모한 샷을 하지 않는다. 그렇다고 무조건 강심장이 돼서 아무런 상황에서나 실패를 두려워하지 않는 샷을 날리라는 것은 아니다. 성공 확률이 50%도 되지 않는 샷을 남발해서는 안 된다. '과감'과 '무모'는 종이 한 장 차이고 레이업도 하나의 전략이다.

여섯 번째, 부지런하게 그린을 읽는다. 퍼팅을 잘하는 골퍼는 그린 위에서 엄청 부지런을 떤다. 캐디가 공을 놓아주는 대로 치는 골퍼치고 퍼팅을 잘하는 것을 본 적이 있는가? 퍼팅뿐만 아니라 그린 근처에서 칩샷을 할 때도 그린 경사를 제대로 읽어야 핀에 붙이는 '굿샷'을 할 수 있다.

일곱 번째 습관, 스코어가 나쁜 날은 연습장을 찾는다. 복습의 중요성은 아무리 강조해도 지나치지 않는다. 샷이 정말 엉망인 날, 연습장을 찾아 자신의 문제점을 고치려는 골퍼는 최고수가 될 수 있는 자질을 갖췄다고 할 수 있다. '에이, 나중에

261

잘 되겠지'하는 안이한 생각에 빠진 골퍼는 영원히 '주말골퍼' 수준에서 벗어나지 못할 것이다.

여덟 번째 습관, 하수의 지적도 귀담아 듣는다. 주말골퍼라면 누구나 스윙의 잘못을 가지고 있다. 하지만 그것을 스스로 알아내기란 불가능에 가깝다. 반대로 스윙을 보고 있는 입장에서는 상대가 무슨 잘못을 하고 있는지 쉽게 관찰할 수 있다. 조언하는 이가 하수일지라도 남의 지적을 받아들이는 것에는 인색해서 안 된다.

아홉 번째 습관, 샷을 할 때만큼은 머리를 비운다. 샷을 할 때 머릿속이 온갖 잡념으로 가득 찬다면 '클린 샷'을 할 수 없다. 잠깐 딴 생각을 하면서 백스윙할 때 좋은 샷이 나온 적이 있는가. 별로 없을 것이다.

열 번째 습관, 라운드 전날 과음·과식을 하지 않는다. 굳이 설명하지 않더라도 고개를 끄덕일 수 있는 습관이다.

굳이 11가지 습관을 고른 이유는 앞의 10가지를 모두 통틀수 있는 한 가지가 있기 때문이다. 바로 노력과 연습이다. '골프천재'도 '연습 벌레'를 이기지 못하는 법이다.

 08 장타 드라이버 유감

"내가 말이야, 드라이버를 바꾼 횟수를 감안하면 지금 500 야드는 쳐야 한다고. 드라이버를 살 때마다 분명 이전 제품보다 20야드는 더 멀리 날아간다고 했거든. 그런데 아직도 200 야드 좀 더 나가면 잘 맞은 거라고. 클럽업체에 사기 당한 기분이야."

재계의 유명인사가 개인적인 자리에서 골프용품업체 사장에게 농담 반 진담 반으로 한 얘기다. 분명 신형 드라이버가 나올 때면 이런 저런 이유로 '획기적으로 거리를 늘렸다'는 광고 문구가 나오고는 했다. 실제로 그런 문구에 현혹(?)돼 드라이버를 바꾼 골퍼도 꽤 많다. 하지만 광고 문구만큼 거리 증대 효과를 본 골퍼는 그리 많지 않을 것이다. 그렇다면 용품업체들이 정말 사기를 친 것일까.

현재 주말골퍼들의 거리가 해마다 얼마나 늘었는지 확인할 방법은 없다. 굳이 거리가 증가했는지 알아보기 위해서는 매년 평균 드라이버샷 거리를 재는 미국 PGA투어 통계를 인용하는 방법이 가장 현명할 것 같다. 통상적으로 투어 100위 선수의 드라이버샷 거리가 투어 평균과 비슷하다. 그래서 100위 선수가 1980년부터 5년 단위로 어떤 거리의 변화가 있었는지 알아봤다.

1980년 100위 선수의 드라이버샷 평균 거리는 255.5야드였다. 5년 후인 1985년 258.1야드로 늘었다. 이후 262.8야드(1990년), 262.0야드(1995년), 273.2야드(2000년), 288.7(2005년) 그리고 2010년에는 287.5야드로 변화했다. 30년 사이에 드라이버샷 거리가 32야드가 늘어난 셈이다. 결국 용품업체들이 광고한 대로 10야드, 20야드씩 늘어나지는 않았지만 1년에 1야드씩 꾸준히 늘어난 것은 부인할 수 없는 사실이다. 주말골퍼의 평균 비거리도 비슷하게 늘어나지 않았을까 분석된다.

그렇다면 이렇게 꾸준히 거리가 늘어나는 동안 드라이버에는 어떤 변화가 있었을까? 드라이버 헤드 소재는 불과 30여 년 전만해도 퍼시몬(감나무) 일색이었다. 그러다가 80년대 초반 카본(탄소섬유)과 메탈이 등장했다. 90년대에는 항공기 소재인 티탄이 나와 현재까지 주류를 이루고 있다. 한때 머레이징, 리퀴드메탈 등의 소재가 나오기도 했으나 티탄 이상의 소재는 아직 발견하지 못하고 있다.

메탈이 처음 나왔을 때는 크기가 감나무로 만든 우드와 별 차이가 없었다. 하지만 과학이 발전하고 생산 기술이 향상되면서 헤드페이스를 얇게 하고 헤드의 크기도 키울 수 있었다. 메탈이 한때 골프채 헤드로 최고의 주가를 올렸지만 티탄 소재의 등장으로 사양길로 접어들었다. 티탄은 지금도 대체 소재를 찾지 못할 정도로 클럽 제조사나 골퍼들에게 꾸준한 사랑을 받고 있다. 티탄은 메탈에 비해 빅헤드를 실현할수 있고 헤드페이스도 더 얇게 할 수 있어 반발력을 높일 수 있기 때문이다. 2002년까지만 해도 360cc면 '빅헤드'라고 했지만 지금은 460cc가 대세로 자리 잡았다. 티탄이 있었기에 가능한 일이다.

가볍기 때문에 긴 샤프트를 사용하면서도 전체 클럽의 무게를 줄일 수 있다. 무엇보다 티탄이 헤드 소재로 각광을 받을 수 있었던 이유는 바로 스윗에어리어를 넓힐 수 있는 장점이 있기 때문이다. 정확하게 공을 맞출 수 없는 아마추어에겐 다소 빗 맞아도 원하는 방향으로 날아가기 때문에 거리 증대 효과를 볼 수 있다.

샤프트의 변화도 드라이버의 장타 꿈을 실현하는데 혁혁한 공로를 했다. 20세기 초반까지만 해도 샤프트는 히코리라는 나무로 만들어졌다. 그러다가 1920년대에서야 본격적으로 스틸 샤프트가 쓰이게 됐다. 샤프트의 대변신은 1960년대 말 미국 항공우주국(NASA)이 카본섬유를 만들면서부터다. 카본 샤프트는 가볍고 탄성이 강하면서도 휘어짐이나 비틀림을 다양하게 만들 수 있어 남녀노소 누구나 쉽게 골프를 치는 시대를 열었다.

하지만 이제 드라이버 기술 개발을 통해 획기적으로 거리를 늘릴 수 있는 단계는 지난 것 같다. 헤드나 샤프트 소재 변화 대신 헤드 디자인이나 색깔, 그리고 샤프트 길이 등을 통해 조금씩 거리를 늘리고 있을 뿐이다. 한 번 치면 500야드를 날릴 수 있는 꿈의 드라이버는 가상공간에나 있을 법한 것이다.

# 09 주옥같은 프로골퍼의 한마디

"그린 근처에서 칩샷을 할 때는 헤드 무게가 느껴지도록 가볍고 부드럽게 골프채를 잡고서 샷을 해라." 그동안 골프 담당 기자로 여러 프로골퍼들과 인터뷰하면서 들은 최고의 골프팁이다. 2009년 중국 광둥성 둥관 힐뷰 골프장에서 열린 한중투어 KEB인비테이셔널에서 우승한 이태규에게 '칩샷을 잘할 수 있는 비결' 하나를 물었더니 나온 답이다.

물론 '뻔한' 얘기라고 할 이도 있을 것이다. 하지만 마음속에 이 생각을 품고 하느냐, 하지 않느냐에 따라 샷의 결과는 크게 달라지는 경험을 하게 된다. 최근에는 이 팁과 쌍벽을 이룰만한 골프팁 하나를 들었다.

2010년 일본 미야자키에서 열린 던롭 피닉스 토너먼트에서 준우승을 차지한 김경태에게서 나온 팁이다. 2라운드 후 그는

무척 피곤해 보였다. 13주 연속으로 대회를 뛰느라 컨디션이
엉망이라고 했다. 그래서 피곤하거나 컨디션이 나쁠 때 어떻게
홀을 공략하느냐고 물었다.

그의 대답은 간단했다. '타깃 범위를 넓히라'는 것.

예를 들면 이런 식이다. 샷이 잘 맞을 때 타깃은 핀이 된다.
핀은 작은 '점'과 같은 것이다. 하지만 샷이 들쭉날쭉할 때는 핀
둘레로 원을 그려 그 원 전체를 타깃으로 삼는다. 타깃은 작은
원이 된다. 샷이 최악일 때는 아예 그린을 하나의 타깃으로 삼

는다. 이렇게 해야 위험 상황을 피할 수 있고 타수를 잃지 않는 다는 것이다.

며칠 후 이 이야기를 김종덕 선수에게 했더니 "컨디션이 얼마나 나쁜지를 확인하는 방법이 있다"고 귀띔한다. 핀 좌우로 공이 떨어질 때는 '아주 조금' 컨디션이 나쁜 상황이다. 반대로 핀 앞뒤로 공이 떨어질 때는 '심각한' 컨디션 악화 상황이다. 국내에 이따금씩 방문하는 '골프 전설' 잭 니클라우스도 골프를 잘 치려면 클럽별 거리가 일정해야 한다고 했다. 7번 아이언이 어떤 때는 120야드 그리고 잘 맞았을 때는 150야드씩 나가봐야 아무 소용이 없다는 것이다. 130야드 밖에 나가지 않더라도 꾸준히 비슷한 거리에 떨어뜨릴 수 있어야 스코어를 줄일 수 있다는 것이다.

이왕 말이 나온 김에 니클라우스의 골프팁 하나 더. 골프장 설계 문제로 한국에 방문했던 니클라우스에게 주말골퍼에게 꼭 필요한 골프팁 한 가지만 추천해 달라고 했다. 그랬더니 핸디캡에 맞는 홀 공략을 하란다. 100대를 치는 골퍼는 100대를 치는 방식대로, 90대는 90대의 방식, 그리고 80대는 80대에 맞는 홀 공략 방식으로 라운드하라는 것이다. 역시 뻔한 얘기지만 상당히 훌륭한 충고라는 것을 아는데 시간이 오래 걸리지 않았다.

사실 프로골퍼들의 골프팁은 상당히 원론적인 것이 많다. 양용은은 타깃 정렬을, 최경주는 리듬과 템포를, 그리고 김대섭은 그립을 강조한다. 누구나 아는 사실이지만 실제로 이 원론적인 것조차 제대로 하는 주말골퍼가 별로 없다는 것이다.

이번에는 레슨프로에게서 들은 훌륭한 조언 하나. 주말골퍼들의 어드레스를 보면 크게 공과 아주 가까이 서거나, 멀리 서는 스타일로 구분할 수 있다. 그 레슨 프로의 조언은 가까이 서는 주말골퍼에게 너무나 정확한 지적이었다. 너무 가깝게 서면 공도 뜨지 않고 거리 손실을 본다는 것이다. 그래서 멀리 섰더니 확실한 효과가 나온다. 공도 뜨고 10~20야드 더 멀리 간다. 단지 공과 한 뼘 멀리 섰더니 10~20야드가 늘어난 것이다. 프로골퍼의 원포인트 레슨 위력을 새삼 실감할 수밖에 없는 결과다.

프로골퍼들의 한마디 한마디는 주말골퍼들의 가슴을 파고드는 주옥같은 명언일 때가 많다.

 # 10 최경주가 벙커샷을 잘하는 까닭은?

골퍼들에게 모래는 두 얼굴의 사나이다. 드넓게 펼쳐진 바닷가 백사장 모래는 애틋한 추억이 담겨 있지만 골프장 벙커 안의 모래는 두려움의 대상이다. 앞에만 서면 골퍼를 한없이 작아지게 만드는 게 벙커다.

하지만 벙커를 사랑하는 골퍼도 있다. 대표적인 선수가 '탱크' 최경주다. 섬(완도)사람은 모래에 대한 추억이 많게 마련이다. 최경주는 어릴 적 고향 완도 백사장에서 벙커샷을 익혔다. 두려움이 대상이 되어야 할 모래는 최경주에게는 추억을 가져다주는 존재인 것이다. 벙커샷에 애착을 가질 수밖에 없는 이유이기도 하다.

최경주에게 골프를 한 수 배운 후배들에게 "주로 무엇을 가르쳐 주더냐"고 물으면 대답은 거의 똑같다. '벙커샷'이다. 그만큼 벙커샷에 자신 있다는 얘기이기도 하지만 후배들이 미국 무대에서 성공하기 위해서는 반드시 명품 벙커샷이 필요하다는 사실을 일깨워 주고 있는 것이다.

2009년 말 한국 골프의 기대주 김대현과 배상문은 미국 댈러스의 최경주의 집을 방문해 벙커샷을 전수 받은 적이 있다. 한국으로 돌아온 뒤 김대현이 처음 내뱉은 말이 걸작이다. "정말 한동안 모래만 보면 속이 울렁거릴 정도였어요. 하루 4시간씩 벙커샷만 했다니까요. 아예 나오지도 못하도록 했죠. 쉬는 것조차 모래 위에서 하라고 했으니까요."

2011년 소니오픈에서 최경주와 연습라운드를 했다는 김비오도 최경주에게 주로 받은 조언이 벙커샷에 대한 것이었다. 지금이야 최경주가 후배들에게 벙커샷에 대한 이런저런 노하우를 가르쳐 주는 입장이지만 미국 무대 초창기만 해도 무턱대고 남을 따라 하다가 곤욕을 치른 적도 있다. 2000년대 초로 기억한다. "어느 날 비제이 싱과 연습하는데 하루 5시간 동안 벙커샷 연습만 하는 거예요. 그래서 한 번 따라 해봤죠. 그런데 그만 몸살이 나 버린 거 있죠."

최경주에게는 분명한 '벙커샷 철학'이 있다. 우선 벙커샷에 대한 두려움이 없어지면 골프가 훨씬 쉬워진다는 것이다. "벙커를 두려워하면 파밖에 잡지 못합니다. 하지만 벙커를 피하지 않고 공격적으로 핀을 공략하다 보면 버디 기회를 만들 수 있지요."

심지어 최경주는 코스의 그린이 딱딱하고 좁아 공이 튕겨나가기 쉬울 때는 일부러 벙커를 향해 공을 쏜다. 그린 밖 깊은 러프에서 샷을 하는 것보다 벙커에서 샷하는 게 훨씬 파세이브할 확률이 높기 때문이다.

벙커샷을 잘하게 되면 자연스럽게 따라 오는 게 자신감이다. 김대현은 최경주에게 벙커샷에 대한 집중적인 훈련을 받은 뒤 "벙커가 두렵지 않게 되면서 코스가 운동장처럼 넓어졌고 마음이 편해졌다"고 말하기도 했다.

최경주가 벙커샷 예찬론을 펴는 다른 이유도 있다. 벙커샷은 전체적인 스윙 리듬감을 좋게 한다는 것이다. "벙커샷은 단순히 그 샷에 그치지 않습니다. 스윙이나 임팩트와도 관계 깊고 다른 샷의 구질을 바꾸는 데도 도움이 됩니다." 근력을 키우는

데도 벙커샷만한 게 없다는 게 최경주의 지론이다. 아무래도 잔디에서 샷을 하는 것보다 모래에서 샷을 하는 것이 훨씬 더 힘이 들어가기 때문이다.

2010년 최경주의 벙커샷 세이브율은 59%로 전체 선수 중 11위에 올랐다. 2009년과 2010년 연속해서 벙커샷 세이브율 1위에 오른 '벙커샷 귀신' 루크 도널드에게는 한 수 밀리지만 '벙커샷 달인'이라는 호칭을 붙여줄 만하다.

여기서 '벙커샷을 사랑한 사나이'인 최경주가 말하는 벙커샷 요령 몇 가지. 절대 모래를 떠서 퍼내려 하지 말고 그저 공 하나나 두 개 정도 뒤쪽 모래를 때린다. 볼은 왼쪽 뒤꿈치 정도에 놓는다. 약간 오픈 스탠스로 선다. 골프채는 5도 정도 살짝 연다. 주저하지 않고 자신감 있게 클럽 헤드를 가속시킨다.

다른 선수들이나 골프 교습가들이 얘기하는 것과 비교해 특별한 게 없다. 사실 최경주가 은연 중에 가르치고 있는 최고의 벙커샷 요령은 '(벙커샷을) 두려워하지 말고 사랑하라'는 것이다.

 # 퍼터를 바꾸는 진짜 이유

국내 골퍼들이 가장 많이 보유하고 있는 골프채 종류는 무엇일까? 여러 설문에서 나타난 바로는 퍼터가 그 답이다. 그렇다면 골프채를 바꾸는 가장 주된 이유는? 이 설문에는 절반 이상이 '골프가 안 될 때'를 꼽았다.

프로골프의 세계에서도 드라이버 교체는 별로 관심을 끌지 못한다. 하지만 퍼터 교체는 늘 화제의 중심에 서곤 한다. 왜 그럴까? 특히 왜 주말골퍼들은 툭하며 퍼터를 바꾸는 것일까?

아마도 첫째 이유는 퍼팅이 안 되는 것을 퍼터 탓으로 돌리기 때문일 것이다. 퍼팅 연습을 열심히 하는 주말골퍼는 드물다. 퍼팅은 '노력'보다 '감'이 중요하다고 판단해서다. 그러다 보니 퍼팅이 안 될 때 그 원인을 퍼터에서 찾는다. 퍼터 탓을 하는 것이다. 실제로 다른 퍼터로 바꾸고 나서 타수가 확 줄어드는 경

험을 한 골퍼들이 의외로 많다.

전성기 시절 '칼날 퍼팅'으로 이름 날렸던 최상호는 퍼터를 바꾸지 않는 선수로 유명했다. 그랬던 최상호가 2010년 초 퍼터를 바꿨다. 그래봐야 프로 데뷔 후 기껏 다섯 번째 교체지만. 퍼터 교체의 큰 변화는 예전에 비해 헤드가 큰 것을 택했다는 점이다. 퍼터 교체 후 최상호는 "안정감을 주고 어드레스도 편안하다"고 말한다. 그가 말하는 퍼터 교체의 이유는 "나이가 들면서 퍼팅 스타일도 바뀌게 되더라"는 것이다.

최상호는 퍼터를 자주 교체하는 것이 득보다는 실이 많다고 여긴다. 새로운 퍼터에 적응하려면 몇 달간 연습해도 자신감이 생길까 말까 하는데 자주 교체하다 보면 적응하는데 시간이 너무 오래 걸린다는 것이다. 하지만 최경주가 자주 퍼터를 교체하는 것에 대해서는 "프로골퍼는 즉흥적으로 들고 나와서 바꾸지 않는다. 이런 스타일, 저런 스타일 시도해 보다가 자신에 맞는 것을 찾는 것 뿐이다"고 옹호한다.

프로, 아마추어를 막론하고 상황이 변하고 성적이 나빠질 때 퍼터 교체를 고려하지 않을 수 없다. 미국에서 골프 심리학을 배운 정신과 의사 이택중 박사는 "퍼터나 퍼팅 스타일을 바꾸는 것은 몸의 신경 회로를 완전히 새롭게 바꾸는 것과 같다"며, "신경 회로가 바뀌는 만큼 숙달하는데 시간을 둬야 한다"고 말한다. 퍼터 모양이 바뀌면 시각적으로 새로운 반응을 하게 되고, 그립 두께를 바꾸면 감각적으로 새로운 반응을 하게 되는 것이라는 설명이다.

젊은 골퍼는 '거리'에 집착한다. 3퍼트는 용서가 돼도 200야드 못 미쳐 날아간 드라이버샷에 대해서는 스스로를 책망하고 안타까워한다. 물론 나이가 들어갈수록 샷 거리도 짧아진다. 처음에는 이 드라이버 저 드라이버로 바꿔 가며 거리가 줄어들지 않도록 버텨 보지만 어느 순간 거리를 체념하게 된다. 그리고서 눈을 뜨게 되는 것이 퍼팅이다. 나이가 들면 집중력이 떨어져 퍼팅 실력도 준다. 그래서 더욱 퍼터 교체에 관심을 기울이게 된다.

나이만이 아니다. 고수가 될수록 퍼터를 자주 바꾸는 경향이 있다. 기량이 어느 수준까지 가면 드라이버샷보다 퍼팅에 따라서 스코어 차이가 난다는 사실을 알게 되기 때문이다. 퍼팅 연습도 많이 하게 되고 자신에 맞는 퍼터를 찾으려고 애쓰게 되는 것이다.

그럼 내게 맞는 퍼터는 어떤 것일까? 퍼팅에는 크게 두 가지 스타일이 있다. '때리는' 스타일과 '굴리는' 스타일이다. 한국 주말골퍼는 70~80%가 때리는 스타일이다. 성격도 성격이지만 느린 편에 속하는 국내 골프장 그린 상태가 때리는 스타일의 골퍼를 만들어 냈다. 때리는 스타일의 골퍼에게는 헤드 페이스 반발력이 좋은 퍼터는 맞지 않다. 헤드 페이스에 부드러운 소재를 집어넣은 오딧세이나, C 그루브 헤드 모양의 예스퍼터가 국내 골퍼들에게 호평 받은 이유도 공이 튕겨 나가는 것을 방지해 주기 때문이다.

윤성범 스타일링골프의 윤성범 대표는 "내게 맞는 퍼터는 길이, 라이 각도, 총무게, 스윙 웨이트 등의 조건이 충족되는 것"이라며 "어느 한 부분이라도 부족하게 되면 언젠가 잘 맞지 않을 때가 생기고 그러면 새로운 퍼터를 찾게 된다"고 이론적으로 설명한다. 내게 맞는 퍼터가 중요한 것은 분명하다. 하지만 퍼팅은 다른 스윙과는 완전히 다른 영역이다. 왜 쉬운 짧은 퍼팅일수록 손이 떨리고 몸이 제대로 움직여지지 않는 것일까? 유독 퍼팅 때 입스 현상(손이 떨리는 현상)이 많은 것은 왜 그럴까? 아마도 퍼팅을 할 때는 기술보다 멘탈이 더 중요하기 때문일 것이다.

유명교습가였던 하비 페닉은 "퍼팅은 심리전이다. 실패할 것 같은 걱정은 머릿속에서 지워라"고 했다. 아놀드 파머는 '퍼팅의 성공 여부는 퍼터 헤드가 아니라 골퍼의 머리에 달려 있다'고 얘기했다.

진정 내게 맞는 퍼터는 굳이 이론이나 과학을 따지지 않더라도 '자신감을 주는' 퍼터일 것이다.

12 '짤순이의 희망' 김경태

2007년 데뷔하자마자 '수퍼 루키'로 이름 날리며 국내 남자골프 무대 상금왕과 신인왕을 동시에 거머쥔 김경태 선수가 이듬해 갑작스런 슬럼프에 빠진 이유에 대한 의견은 분분하다. 그중에도 한국골프의 간판스타 최경주가 그의 샷을 보고 '공에 힘이 묻어나지 않는다'고 한 충고 한마디가 슬럼프의 원인을 제공했다고 보는 설도 있다. 김경태는 장타를 위해 무리하게 스윙 교정을 하게 됐고, 그게 슬럼프의 빌미가 됐다는 것이다.

사실 여부를 떠나 김경태는 스윙 교정을 하다 슬럼프에 빠져든 것은 분명하다. 그동안 불만스럽게 여겼던 스윙의 일부분을 고치고 헤드 스피드도 늘려 거리를 향상시키려다 나락으로 빠졌다고 스스로 인정한다.

"스스로 불만스러웠던 스윙이 있었습니다. 헤드 스피드도 늘리면서 그 부분을 고치고 싶었죠. 먼 미래를 생각했어야 했으니까요. 하지만 라운드도 하지 않으면서 스윙 모양만 고친 거지 뭐에요. 내 장점을 살리면서 고쳐야 했는데. 모양만 예쁘게 됐지 제 스윙이 아니었던 거지요.”

슬럼프에서 부활한 김경태는 아직도 거리에 대한 욕심을 완전히 버린 것은 아니다. 스스로 10~20야드 더 늘려야한다고 생각한다. 하지만 슬럼프를 통해 거리보다 더 중요한 것은 자신의 샷에 대한 믿음이었다는 것을 뼈저리게 느꼈다. 그리고 또 하나, 거리보다 정확성이 더 중요하다는 사실도 깨달았다.

김경태를 2010년 일본투어 상금왕에 오르게 한 원동력은 바로 ‘컴퓨터 샷’이었다. 2010년 김경태의 평균 드라이버샷 거리는 277야드로 일본투어 선수 중 60위다. 296야드로 이 부문 3위에 오른 ‘라이벌’ 이시카와와 비교하면 19야드 차이가 난다. PGA투어로 따지면 170위권에 머무는 드라이버샷 거리다.

하지만 당시 드라이버샷 정확도를 나타내는 페어웨이 안착률이 65%로 2위에 올랐고, 아이언 샷 정확도를 측정하는 그린 적중률은 72%로 1위를 차지했다. 멀리 치지는 못하지만 정확히 치는 것은 누구보다도 자신 있는 김경태다.

다음은 김경태가 밝히는 '정교한 샷의 비결'이다.

"글쎄요. 딱히 다른 선수들과 다른 점은 없는 것 같아요. 굳이 가장 큰 요소를 뽑는다면 임팩트 후 릴리스(팔을 쭉 뻗어주는 동작)를 짧게 가져가는 것이 정확도를 높이는 것 같아요." 김경태는 임팩트 후 팔로스루를 길게 가져가지 않고 클럽을 확 잡아채며 피니시하는 동작을 '컴퓨터 샷'의 주요인으로 봤다. 하지만 그도 이 동작 때문에 샷 거리까지 줄어드는 것을 잘 알고 있었다.

사실 김경태의 스윙이 아름다워 보이지 않는 이유도 이 동작 때문이다. 사진 기자들은 아무리 셔터를 눌러 봐도 멋진 피니시 동작이 사진에 찍히지 않는다며 어려움을 토로하곤 한다.

김경태가 뽑은 정확한 샷 비결 두 번째는 그립의 변화다. "왼쪽에 해저드나 OB 구역이 있을 때는 별로 신경 쓰지 않아요. 하지만 오른쪽에 위험 요소가 있을 때는 괜히 불안해하는 스타일입니다. 그래서 오른쪽에 함정이 있을 때는 좀 더 강한 훅 그립으로 잡아 주죠. 그럼 편안하게 스윙할 수 있어요."

김경태의 구질 자체가 약간 드로(오른쪽에서 왼쪽으로 휘어지는 구질) 성향이다. 보통 드로 구질의 선수는 오른쪽 함정을 두려워하지 않는다. 하지만 김경태는 오히려 오른쪽에 함정이 있으면 불안해 스윙을 제대로 가져가지 못한다. 그래서 그만의 그립 변화를 갖게 된 것이다.

세 번째는 스탠스를 좀 더 넓히면서 정확도가 크게 개선되었다. "원래 스탠스를 좁게 서는 편입니다. 그래서 약간 스탠스를 넓게 서고 있습니다. 아무래도 무게중심이 밑으로 내려가기 때문에 견고한 샷이 가능하지 않을까 싶습니다."

바람이 많은 유럽투어에서 뛰는 선수들은 대체로 스탠스가 넓은 편이다. 바람에 흔들리지 않고 정확한 샷을 하기 위해서다. 김경태도 이런 이유로 스탠스를 조금 넓혔다. 스탠스가 넓으면 하체를 단단히 잡아줄 수 있어 장타가 가능하다고 하지만 정확도 역시 좋아진다.

김경태도 컨디션이 나쁠 때가 있다. 이때 샷의 정확도가 크게 떨어질 수 있다. 이럴 때 김경태는 "타깃 범위를 넓혀 위험을 피하는 것이 샷의 정확도를 높인다"고 설명한다. 컴퓨터 샷의 네 번째 비결이다.

영원한 스승인 아버지 김기창씨가 보는 김경태의 컴퓨터 스윙 시각은 조금 다르다. "경태는 스스로 믿을 수 있는 스윙을 합니다. 스윙에 대한 자신감이지요, 그리고 배짱이 있어요. 아이언샷을 할 때는 무조건 힘으로 휘두르지 않고 샷을 조절할 줄 아는 능력도 있습니다. 대회에 들어가면 무아지경에 빠져 스윙하는 게 경태의 샷입니다."

아무튼 본의든 본의가 아니든 그는 짤순이의 희망이 됐다.

 13 골프장갑은 찬밥 신세?

골프장 분실물 코너에 가장 많이 접수되는 골프용품은? 골프모자일 것으로 생각하는 골퍼도 많겠지만 실제로는 '골프장갑'이다. 아무래도 모자에 비해 부피가 작다 보니 라커에 놓고 가는 경우가 자주 발생한다. 골프장갑은 골프모자나 골프티처럼 '찬밥 신세'를 받는 골프용품 중 하나다. 하지만 골프장갑이 스코어에 큰 영향을 미친다는 사실을 아는지?

프로골퍼들이 골프장갑을 바라보는 시선은 크게 세 가지다. 우선 골프장갑 무용론을 펼치는 시선이다. 장갑을 끼지 않고 맨손으로 그립을 잡는 선수들이다. 지금은 은퇴한 옛 골프여제 로레나 오초아를 비롯해 프레드 커플스, 로리 케인 등이 대표적인 선수들이다. US오픈 우승 경력이 있는 코리 페이빈도 장갑을 끼지 않고 샷을 하는 선수다.

장갑을 끼지 않게 된 동기도 다양하다. 커플스의 경우 그리 넉넉하지 않은 가정 형편 때문에 돈을 아끼려고 장갑을 끼지 않다가 그게 버릇이 됐다는 얘기도 있다. 반면 오초아는 섬세한 느낌을 중시해 장갑을 끼지 않았다.

반대로 양손 모두 장갑을 끼는 토미 게이니같은 선수도 있다. 보통 한 손만 장갑을 끼는 다른 선수들과 달리 두 손 모두 장갑을 껴 애칭부터 '양손 장갑 토미(Tommy Two Gloves)'로 불린다. 물론 한 손에만 장갑을 끼는 선수들이 대부분이다.

'골프황제' 타이거 우즈나 '여자 지존' 신지애를 포함해 대부분 프로골퍼가 한 손에 장갑을 끼고 샷을 한다는 사실은 골프장갑이 분명 샷에 도움이 되기 때문일 것이다. 골프장갑이 중요한 이유는 골프의 가장 기본인 '그립'과 관련있기 때문이다.

최경주는 한 강연회에서 그립의 중요성을 강조한 적이 있다.

"저는 1985년부터 주말골퍼를 상대로 레슨과 강연을 했습니다. 그런데 한 가지 공통점이 있어요. 가장 중요한 것을 간과한다는 점입니다. 골프에서 중요한 것은 스윙이나 퍼트가 아닙니다. 골프를 잘 하려면 '그립'을 잘 해야 합니다. 그립이 불안하니까 '볼이 어디로 갈까?' 고민하는 것입니다. 그립은 손과 클럽이 밀착돼 틈이 없어야 합니다. 그래야 스윙 내내 클럽이 놀지 않습니다."

최경주의 말은 그립을 강조하면서 한편으로는 골프장갑의 중요성을 역설하는 것이기도 하다. '손과 클럽을 틈 없이 밀착시키는 역할'을 하는 것이 바로 골프장갑이기 때문이다. 손가락 마디에 패드를 돌출시켜 그립을 잘할 수 있도록 한 듀렉스 같은 골프장갑이 나온 이유도 바로 최경주의 지론과 맥이 통한다고 할 수 있다.

장갑의 두께는 보통 0.4~0.5mm다. 얇을수록 좋다고 생각하는 골퍼가 많지만 손이 크고 파워가 있는 골퍼들은 0.55mm의 장갑을 선호하기도 한다. 자신에 맞는 골프장갑은 어떤 느낌일까? 보통 다소 타이트하게 손에 맞는 느낌을 받는 게 적당하다고 한다. 대개 남자용은 21호부터 27호까지, 여자용은 17호부터 22호까지 판매된다. 이 숫자는 엄지와 검지 사이의 지점에서 손등 둘레를 cm로 표시한 것이다.

장갑은 물집같은 부상을 방지하고, 스윙 중에 골프채를 견고

하게 잡을 수 있도록 돕는다. 장갑을 끼느냐 안 끼느냐에 따라 10야드정도 비거리 차이가 난다는 주장도 있다. 골프장갑이 찬밥 신세이기는 하지만 골프장갑의 중요성을 강조(?)하는 아주 유명한 문구도 있다.

'골프는 장갑을 벗기 전에는 알 수 없다.'